Martin Lohmann

Das Kreuz mit dem C

Martin Lohmann

Das Kreuz mit dem C

Wie christlich ist die Union?

Butzon & Bercker

Bibliografische Information der Deutschen Nationalbibliothek

Die Deutsche Nationalbibliothek verzeichnet diese Publikation in der Deutschen Nationalbibliografie; detaillierte bibliografische Daten sind im Internet über http://dnb.d-nb.de abrufbar.

Das Gesamtprogramm von Butzon & Bercker finden Sie im Internet unter www.bube.de

ISBN 978-3-7666-1242-7
E-BOOK ISBN 978-3-7666-4101-4
EPUB ISBN 978-3-7666-4102-1

Umschlaggestaltung: Christoph Kemkes, Geldern
Umschlagfoto: Bertold Werkmann – Fotolia.com
Satz: Schröder Media GbR, Dernbach

Inhalt

Vorwort

Die Frage nach der Christlichkeit der Union ist keineswegs mehr eine theoretische. Spätestens seit der von vielen Christen als ebenso plump wie populistisch empfundenen Kritik der CDU-Chefin an Papst Benedikt XVI. ist das Verhältnis zwischen vielen katholischen Wählern und der Union gespannt. Die aus christlicher Sicht höchst problematische und für viele Christen verbotene Forschung mit embryonalen Stammzellen, die nur aus getöteten, noch nicht geborenen, ganz jungen Menschen „gewonnen" werden könne, sowie die fahrlässige Bemerkung Merkels zum Papst, mit der sie dem Eindruck Raum bot, dieser sei in Fragen des Holocaust nicht ganz eindeutig, haben offengelegt, wie sehr die Nähe der Christen zur Union gelitten hat. Es gibt eine größere Unzufriedenheit und wahltechnisch gesehen auch Heimatlosigkeit unter Christen, als dies der Unionsspitze lieb sein kann.

Noch scheint das Argument zu ziehen, die Union sei halt das kleinste aller Übel. Noch scheinen sich viele kleine C-Parteien, die in der Öffentlichkeit wenig wahrgenommen werden, nicht als Alternative anzubieten. Doch die Wahlverweigerung und die Flucht weg von der Merkel-Union werden zunehmen. Und immer wieder spielt dabei die Frage eine Rolle: Wie christlich ist eigentlich die Union? Ist sie noch christlich? Christlicher als andere? Worin unterscheidet sie sich? Kann man als überzeugter Christ diese Union noch wählen? Dabei machen nicht wenige keinen besonders großen Unterschied mehr zwischen der von einer ostdeutschen Pastorentochter geführten einstigen Adenauer-Partei und der bayerischen Schwester, in der allerdings manch imposante barocke Kulisse über eine ebenfalls wachsende inhaltliche Dünnheit und den Verlust von christlichem Profil leichter hinwegtäuschen kann.

Also: Wie christlich ist die Union? Die Frage klingt für manche vielleicht etwas böse, für andere ist sie seit Jahren etwas, auf dessen Beantwortung sie mehr als gespannt sind. Jedenfalls diejenigen, die noch einen Funken Hoffnung haben und sich nicht frustriert abwenden. Aber: Kann man so fragen? Kann man überhaupt eine belastbare Antwort finden? Die einen haben sie längst gefunden, andere spielen mit ihr. Und die, die eine Antwort gefunden haben, geben sich entschieden enttäuscht – oder aber gelassen zuversichtlich. Ein Thema ist das, was mit dieser Frage verbunden ist, allemal. Erst recht in einem Superwahljahr. „Mutig, dass du das überhaupt noch fragst, dass du diese Frage noch zu stellen wagst“, sagt mir ein Journalistenkollege, als er von meinem Vorhaben dieses Buches erfährt. Für ihn sei die Antwort doch längst klar – und leider negativ. Jedenfalls, wenn man nach dem C bei den C-Parteien frage, meint er. „Na dann viel Spaß auf der Suche nach einer Antwort“, meint ein anderer eher spöttisch. „Was willst du da schon erwarten!“ – schiebt er hinterher.

Bei keinem anderen Buchprojekt habe ich so viele Kommentare, mitleidsvolle Hinweise und aufmunternde Tipps bekommen wie in diesem Fall. Die Frage nach dem C im Namen einer oder gar zweier Parteien scheint also wirklich zu interessieren. Sie ist aktuell. Sie findet ihre Antwort. So oder so.

Haben Sie, liebe Leserinnen und Leser, sich vielleicht auch schon einmal gefragt, warum man eine der Unionsparteien eigentlich wählen sollte? Haben auch Sie im Bekanntenkreis schon einmal eine hitzige Debatte miterlebt, in der es um das C und unsere Politik geht?

Wollen auch Sie wissen, wofür eigentlich diese Union im Unterschied zu anderen Parteien in Deutschland steht – oder nicht steht?

Dann lade ich Sie herzlich ein zu dieser Diskussion. Denn eines ist sicher: Es ist immer wieder ein Kreuz mit diesem einen Buchstaben, der für so viel Anspruch steht. Immer wieder wenden sich bisher Treue enttäuscht ab von einer Partei, die wie keine andere für etwas Besonderes steht. Eigentlich. Doch: Wofür aber steht dieses C heute noch? Wofür kann und darf es stehen? Ist es ein Hindernis auf dem Weg in die Moderne? Ist es nur schmückendes Beiwerk für nette Festtagsreden oder ist und wird es mehr und mehr zu einer echten Herausforderung für seine Politiker und die Bürger? Gibt es neue Interpretationen des hohen C, das für manche zum hohlen C geworden ist? Verkörpert das C im Parteinamen eher rückwärtsgewandte Tradition oder zukunftsorientierte Avantgarde?

Dieses Buch will aufrütteln und ermuntern. Es will Mut machen, aus der Mittelmäßigkeit des Unverbindlichen auszubrechen. Erst recht in diesen schwieriger gewordenen Zeiten, in denen deutlicher als sonst erkennbar zu werden scheint, dass vieles als Wert gesehen wurde, was in Wirklichkeit kein Wert war und ist. Ohnehin zeigt sich schon seit Längerem, dass die Menschen sich mehr Qualität und – um eine gerne benutzte Metapher zu nehmen – mentales Schwarzbrot zutrauen, als manche Politiker sich selbst zutrauen. Das C ist moderner und aktueller, als es viele wahrhaben wollen. In ihm steckt mehr Zukunft als vielfach geahnt. Und die Wähler fragen danach. Nicht alle. Aber viele. Nicht laut. Aber leise. Nicht in geschlossenen Gruppen. Aber eben doch insgesamt mehr, als vielfach erkannt.

Dieses Buch lädt ein, etwas vermeintlich Altes und allzu häufig Vergessenes als Neues zu entdecken. Nicht als Rückschau, sondern als Blick nach vorn. Die Zukunft will es so! Denn es ist Zeit für einen freien und mutigen Blick auf das, was wirklich morgen trägt. Ja, es geht auch darum, einen vergrabenen Schatz wenigstens einmal zu orten – um ihn heben zu können. Und es geht darum, im Kreuz mit dem C eine Chance zu entdecken, Politik aus christlicher Verantwortung zu wagen. Nicht eine christliche Politik! Keine evangelische oder katholische Politik! Keinen Fundamentalismus! Das wäre wahrlich alles andere als christlich.

Wozu wir auffordern müssen, ist, sich nicht mehr zu verstecken als Christ mitten in der Welt, in Europa und Deutschland. Nichts birgt so viel Dynamik und Humanität wie das C! Ohne das C verlieren wir nicht nur unsere Kultur, sondern letztlich das Leben. Die Zeit der Minderwertigkeitskomplexe ist vorbei. Schluss mit jeder Ängstlichkeit! Allen, die sich über das mangelnde Profil in der Union beklagen, kann nur geraten werden: mitmachen, einmischen, einmischen und abermals einmischen! Und allen in der Politik, die noch oder wieder ahnen oder sich wenigstens sagen lassen, wie wichtig und kraftvoll das C sein kann, wissen nur zu gut: Gerade in schwierigen Zeiten sind klare christliche Antworten gefragt. Krisenzeiten verlangen nach Profil. Wir brauchen einen Kompass, aber gewiss nicht noch mehr Weichspülmittel. Es ist Zeit für das C!

Bonn-Bad Godesberg, 31. März 2009

Martin Lohmann

Worum es geht

Das C will mehr

Früher war doch irgendwie alles einfacher. Als Konrad Adenauer noch Kanzler war, als die Menschen in Deutschland noch sonntags zur Kirche gingen, als die Bundesrepublik noch ein christliches Land war – da war doch alles klar. Über das „C“ hat man damals nicht diskutiert. Meint man. Und heute? Ein Konrad Adenauer könnte wohl kaum mehr Bundeskanzler werden. Wirklich? Jetzt sind wir doch längst eine Republik der Gottlosen geworden. Wirklich? Mit Kirche kann uns doch keiner mehr kommen. Wirklich? Multikulti statt christlich. Wirklich? Es geht doch gar nicht anders: Angela Merkel kann keinen Adenauer geben. Man kann und darf sie nicht vergleichen mit ihm. Wirklich? Eine wiederverheiratete geschiedene protestantische Frau ist halt auch im Blick auf das „C“ nicht mit Ansprüchen zu konfrontieren, die für einen Konrad Adenauer noch selbstverständlich waren. Wirklich? Heute muss man das „C“ eher verstecken oder allenfalls zu einer netten Beiwerksfloskel verkümmern. Alles andere wäre utopisch und keineswegs zeitgemäß. Wirklich? Die Kanzlerin kann halt nicht so viel C bieten wie andere. Wirklich? Es wäre auch unzeitgemäß. Tatsächlich?

Wir brauchen Politiker, die sich einen zuverlässigen Kompass leisten, Menschen mit Mut zur Wahrheit und Profil. Nicht nur, weil sich so viele überlegen, wen sie denn noch wählen können. Nicht nur durch neue politische Gruppierungen, die mit Engagement Protest üben gegen die sogenannten etablierten Parteien. Sondern grundsätzlich. Es wird gefragt, was denn ein C im Parteinamen noch wert ist – in der Debatte zum Lebensschutz, bei den Fragen zur Stammzellgewinnung, im Wirtschaftsleben, bei Überlegungen zum Recht auf Arbeit, im Blick auf den gerechten Lohn, in der Frage nach dem, was Familienpolitik eigentlich sein sollte, im Streit um die Patientenverfügung, im Datenschutz. Und überhaupt überall dort, wo die Sehnsucht nach Freiheit mit der Kultur der Verantwortung kollidiert beziehungsweise erst richtig ins Miteinander zu kommen beginnt. Freiheit, die ich meine – was ist das? Steckt im C ein verstaubter und womöglich verklemmter kirchlicher Anspruch? Oder nicht doch wesentlich mehr? Sind die persönlichen Lebensbiografien der Maßstab oder nicht doch mehr? Woran haben sich Politiker zu orientieren?

Alte Fragen neuer Menschen

Einerseits verlieren die Kirchen an Einfluss. Andererseits wächst das Bedürfnis nach Orientierung, nach Halt und nach belastbaren Hinweisen für ein gelingendes Leben. Während die Kirchlichkeit abnimmt, bleibt oder wächst sogar die Religiosität. Der Mensch im postindustriellen Zeitalter hat auch Züge eines Menschen im postkirchlichen Zeitalter. Aber in einem postreligiösen Zeitalter befindet er sich nicht. Seine Fragen sind und bleiben als die alten modern: Woher komme ich? Wohin gehe ich? Wie kann ich ein sinnvolles Leben finden? Was ist Freiheit wirklich?

Während die Individualisierung des Lebens zunimmt, entsteht andererseits ein wachsendes Bedürfnis nach mentalen und gefühlten Kuschelecken gemeinschaftlichen Erlebens. Wenigstens das. Nicht nur an den Kassen der Vergnügungsparks bilden sich allmorgendlich lange Schlangen am Einlass. Auch die Zugehörigkeit zu sogenannten Communities im Internet hat Konjunktur. Soziale Kontakte im Netz ersetzen mit ihrer „erlebbaren“ Wärme die Kälte der im wirklichen Leben erfahrenen Vereinzelung. Second Life oder First Life? Second Life als First Life? Und überall lugt die Frage hervor: Was ist der Mensch? Was trägt? Was macht Sinn? Wo kann ich leben?

Was das mit unserer Frage nach dem C zu tun hat? Auch die Politik und ihre Politiker leben in dieser Verunsicherung, sind Teil einer Gesellschaft, die auf der Suche ist. Das kann ihnen nicht vorgeworfen werden. Aber: Sie haben einen Anspruch – und der Souverän, also das Volk, an sie. Erst recht, wenn sie sich mit einem Buchstaben „schmücken“, dem viele sehr vertrauen. Einem Buchstaben, der für eine bestimmte Vertrauenswürdigkeit steht, für eine Qualität, die über die „ganz normale“ Oberflächlichkeit hinausweist.

In den jeweiligen Programmen der Parteien steht zu diesem C manches. Aber Papier ist geduldig. Und Grundsätze werden formuliert. Mehr aber auch nicht. Vor allem, wenn es um das alte C geht. Das „alte“ C? Ist es vielleicht deshalb ein Kreuz mit ihm, weil es sich letztlich dem gestalterischen Zugriff entzieht? Weil es mit Konsequenzen verbunden ist, die fordernd sind – und herausfordernd?

C oder nicht C?

All dem soll hier nachgespürt werden. Wir wollen wissen, was mit dem C möglich ist und was nicht. Wir wollen wissen, ob und welche Chancen und Risiken in ihm stecken. Und wir wollen wissen, ob es für die Handelnden in den C-Parteien eine Überforderung ist oder gar sein muss. Es geht um das Menschenbild, um Freiheit und Würde, um Verantwortung und Zukunft. Es geht darum, welchen Stellenwert all dies in der Union hat oder haben müsste.

Seit Jahren ist nicht zuletzt die Beantwortung der Frage nach dem Recht auf Leben ein Ärgernis für viele. Und als in den Jahren nach der Wende die Union eine neue, gemeinsame gesetzliche Regelung zur Abtreibung suchte, orientierte man sich an dem, was im Unrechtsstaat DDR Recht war. Seither gilt bundeseinheitlich, also deutschlandweit: Abtreibung, sprich die Tötung noch nicht geborener Menschen, ist und bleibt Unrecht, wird aber – unter bestimmten, sehr großzügig gehandhabten Bedingungen – grundsätzlich nicht bestraft. Straffreies Unrecht. Damals wurde diese Regelung als Kompromiss gefeiert. Damals aber wandten sich auch viele von den Unionsparteien ab, weil sie eine auf Tötung hin erlaubte Kompromissregelung für nicht vereinbar hielten mit dem hohen C, das die Parteien nach wie vor im Namen tragen.

Zu ähnlichem Entsetzen führte bei vielen Christen eine Debatte zur Nutzung von embryonalen Stammzellen im Herbst 2007. Genauer gesagt: Manche Befürworter einer schon damals für begrenzte Zeit erlaubten „Nutzung" von getöteten Embryonen erregten Ärgernis. Vor allem die Bundesforschungsministerin, ihres Zeichens auch noch gelernte Theologin, erzeugte nicht nur bei Bischöfen Verärgerung, sondern auch bei in der Politik engagierten und für die Politik interessierten Christen.

Annette Schavan ordnete eine ziemlich vage Aussicht auf – man muss es so sagen – ziemlich unwahrscheinlichen Forschungserfolg grundsätzlichen Regeln des Lebensrechtes unter. Sie war diejenige, die auf einem Parteitag so redete, dass anschließend eine – wenn auch nicht überwältigende – Mehrheit für die weitere Verschiebung eines Stichtages entstehen konnte. Das beim ersten Mal geschaffene Unrecht, zu Forschungszwecken die bis zu einem bestimmten Stichtag im Rahmen der künstlichen Befruchtung entstandenen „überzähligen" Embryonen zu „nutzen", wurde mit Hilfe der katholischen Theologin und stellvertretenden CDU-Vorsitzenden Schavan verlängert.

Kann man eine solche Partei noch wählen? Ist das noch christlich? Ist eine solche Haltung vereinbar mit den christlichen Grundsätzen? Verabschiedet sich gar die Partei mit dem C still und heimlich vom C? Ist es nicht so, dass die Wähler sich längst mehr Profil und Glaubwürdigkeit zutrauen als viele Politiker ihnen – und sich selbst? Wo sind die echten Köpfe, die echten Persönlichkeiten? Wer oder was ist heute die Christlich Demokratische Union?

Deshalb erscheint es notwendig, weiterhin darauf hinzuweisen, dass es in Deutschland beispielsweise einen unglaublichen Etikettenschwindel in der Familienpolitik gibt. Vieles von dem, was bereits vor einigen Jahren erkannt wurde, zeigt sich heute eher noch verschärft. Einen Zweifel kann es nicht mehr geben: Auch in der CDU wird vielfach kräftig Etikettenschwindel betrieben. Schwungvoll und zum Teil äußerst charmant. Schon seit geraumer Zeit fragen sich viele ihrer Wähler, was denn die einst christlich geprägte Partei mit ihrem entsprechenden Profil auch heute noch von anderen Parteien unterscheidet. Vieles deutet längst darauf hin, dass die Partei unter der Führung von Angela Merkel nicht mehr die Partei Konrad Adenauers ist. Zum Teil sind das selbst Persönlichkeiten, die ihren Aufstieg der katholischen Kirche und einer entsprechend christlichen Prägung verdanken, von denen vermutet werden muss, dass sie der Diktatur des Relativismus längst verfallen sind. Vor dieser Diktatur hatte Joseph Kardinal Ratzinger in seiner letzten Predigt vor der Wahl zum Papst Benedikt XVI. aus gutem Grunde gewarnt. Doch leider wurde diese Warnung auch einige Jahre nach ihrer Äußerung offensichtlich vor allem in der CDU überhört.

Im Anfang war es nicht so

Kalter Kaffee oder einfach nur Utopisches von vorgestern? Ein erhellender Rückblick mag überraschen. Denn das C hat tatsächlich eine lange und gute Geschichte innerhalb der Union. Es reicht sogar bis ins 19. Jahrhundert zurück. Bemerkenswert, was man so alles findet, wenn man in den alten Akten stöbert. Zum Beispiel, dass das C stets mehr sein sollte als ein nettes Beiwerk. Und: Dass es den jeweils Verantwortlichen eine echte Verpflichtung sein wollte.

Was sicher einige Zeitgenossen heute verwundert, ist die Tatsache, wie es zu dieser Bedeutung des C für die Politik kommen konnte. Im 19. Jahrhundert hätten nämlich vor allem die Katholiken – wie das leider heute nicht wenige tun – allen Grund gehabt, sich der wachsenden antikatholischen Stimmung zu unterwerfen und lieber stillschweigend geduckt zu erscheinen. Das Gegenteil war der Fall. Dem wachsenden staatlichen Druck setzten sie ein geradezu trotziges, selbstbewusstes Dennoch entgegen. Jetzt erst recht – so schien die Devise zu sein. Einen Mangel an christlichem Selbstbewusstsein gab es damals offenbar nicht. Jedenfalls nicht so stark wie heute.

Es war vor allem der Koblenzer Joseph Görres, der mit seinem „Rheinischen Merkur" zu einer Art Wortführer gegen staatliche Bevormundung in Glaubensfragen wurde. Die Glaubensfreiheit wurde zur Antriebsfeder für viele katholische und auch evangelische Christen im säkularisierten Staat. Aus dem Katholischen Club in der Paulskirche wurde später das katholische Zentrum als eine politische Partei, in der unter anderem von 1870 an Ludwig Windthorst wirkte. Zusammen mit der nach 1920 abgespaltenen Bayerischen Volkspartei wurde das Zentrum zu einem Gegenspieler für die protestantisch geprägte preußische Regierung.

Hier sind auch die Wurzeln des sozialen Katholizismus zu suchen, der seine Ausprägung in der Katholischen Soziallehre fand. Katholische Namen wie Emmanuel von Ketteler und Adolph Kolping und evangelische Namen wie Johann Heinrich von Wichern mit seiner „Inneren Mission" stehen noch heute für das sozialpolitische Engagement christlicher Persönlichkeiten. Im Zusammenhang mit diesem Einsatz stehen auch im ausgehenden Kaiserreich und der beginnenden Weimarer Republik Parteigruppierungen wie die „Christlich-Nationale Bauernpartei", die „Volkskonservativen" und der „Christlich Soziale Volksdienst". Übrigens hatte Adam Stegerwald bereits 1920 mit seinem „Essener Plan" die Idee einer überkonfessionellen Partei. Seine Idee kam wegen der jeweiligen konfessionellen Abneigungen zu früh. Aber bereits in seinen Gedanken finden sich die Begriffe, die später zur Gründung der CDU beitragen sollten: deutsch, christlich, demokratisch, sozial.

Erst die Erfahrung des Nationalsozialismus mit seiner antichristlichen Ideologie und seiner Menschenverachtung brachte dann nach dem Zweiten Weltkrieg die Erkenntnis, dass die Christen der verschiedenen Konfessionen im täglichen und vor allem politischen Leben mehr eint als trennt. Hermann Ehlers beschrieb das auf dem Hamburger Parteitag der CDU 1953 in der Rückschau so: „Wir sind beim Neubeginn unseres politischen Weges 1945 nicht aus theoretischen Erwägungen, sondern aus praktischen, in Not und Tod bewährten Erfahrungen zu der Überzeugung gekommen, dass es für uns keine andere tragfähige Grundlage unseres politischen Handelns geben kann als die Verantwortung vor dem Worte Gottes." Also: Es gab eine sehr bewusste Entscheidung für das C. Ohne das C und seine Verpflichtung wäre die Gründung der Union nicht denkbar gewesen. Oder anders, wie es der Bonner CDU-Bundestagsabgeordnete Stephan Eisel formuliert: „So war das C ein bewusstes Bekenntnis gegen die Ausschaltung aller ethischen Prinzipien in der Politik."

Stimmt. Denn auch der erste CDU-Abgeordnete für die Bundesstadt am Rhein, die damals provisorische Hauptstadt war, hielt in seinen Erinnerungen genau dies fest. Konrad Adenauer beschrieb die damalige Überzeugung, „dass nur eine Partei, wurzelnd in dem weiten christlichen Boden, auf festen ethischen Grundsätzen und gestützt auf alle Schichten des deutschen Volkes, in der Lage sein würde, Deutschland aus seiner Not wieder aufzurichten". Es mag für manche Ohren heute pathetisch klingen, ist aber genau so gemeint gewesen, was im September 1945 in den Kölner Leitsätzen gleichsam als Grundsatzprogramm so formuliert wurde: „Gott ist der Herr der Geschichte und der Völker, Christen die Kraft und das Gesetz unseres Lebens. Die deutsche Politik unter der Herrschaft des Nationalsozialismus hat diese Wahrheit geleugnet und missachtet. Das deutsche Volk ist deshalb in die Katastrophe getrieben worden. Rettung und Aufstieg hängen ab von der Wirksamkeit der christlichen Lebenskräfte im Volke. Deshalb bekennen wir uns zum demokratischen Staat, der christlich, deutsch und sozial ist."

Klingt wie von früher. Ist es aber nur eine nette Geschichte aus längst vergangenen Tagen? Oder steckt vielleicht auch heute ein grundsätzlicher Auftrag in dem, was damals grundsätzliche Überzeugung war? Konrad Adenauer jedenfalls war dagegen, dass die CDU nicht mehr sein müsse als eine weltanschaulich-neutrale Sammlungspartei. Vorschläge und Debatten hierzu gab es bereits damals. Aber der Alte mischte kräftig mit an dem, was im März 1946 in Neheim-Hüsten programmatisch so festgeschrieben wurde: „Wir betrachten die hohe Auffassung des Christentums von der Menschenwürde, vom Wert jedes einzelnen Menschen als Grundlage und Richtschnur unserer Arbeit im politischen, wirtschaftlichen und kulturellen Leben unseres Volkes." Ein klares Bekenntnis zum C, wie auch bei der Konstituierung der CDU als Gesamtpartei unter dem Vorsitz von Adenauer im Mai 1950 in Königswinter bei Bonn. Damals berief man sich auf die „Gesamtvertretung des politischen Willens aller sich zum christlichen Gedanken bekennenden Kräfte in ganz Deutschland". Nahtlos schloss sich 1956 im Statut der Partei dazu an: „Die Christlich Demokratische Union Deutschlands will das öffentliche Leben im Dienst des deutschen Volkes und des deutschen Vaterlandes aus christlicher Verantwortung und nach dem christlichen Sittengesetz auf der Grundlage der persönlichen Freiheit demokratisch gestalten."

Kanzlerin des Diffusen?

Und heute? Man mag geneigt sein, spätestens an dieser Stelle ein lautes Veto, zumindest aber ein entschiedenes „Aber" einzuwerfen. Denn so könne und wolle man doch jetzt nicht mehr formulieren. Und so klingt eben vieles auch ganz anders. Im Parteiorgan „Union" vom Herbst 2008 beispielsweise schreibt die Parteivorsitzende als Bundeskanzlerin auf einer Panoramaseite mit sympathisch lächelndem Portraitbild einen Aufruf zum Superwahljahr 2009 – und erwähnt kein einziges Mal einen Begriff wie „christlich". Kernaussage ist hingegen: „Wir werden unseren Anspruch, die einzige Volkspartei der Mitte zu sein, einlösen." Es gehe darum, „den Bürgerinnen und Bürgern den Weg aufzuzeigen, auf dem die CDU Deutschland in das zweite Jahrzehnt des 21. Jahrhunderts führen will". Von „Bildungsrepublik" ist die Rede, und natürlich von Sozialer Marktwirtschaft. Nur in diesem Zusammenhang taucht – freilich etwas diffus – das Wort „Werte" auf, denn die CDU stehe seit Ludwig Erhard „für geordnete Märkte und gemeinsame Werte auch jenseits von Angebot und Nachfrage".

Und was ist mit dem C? Es wird gerne verschwiegen oder – wenn überhaupt – eher unverbindlich einmal erwähnt. Weil das aber letztlich nicht geht, weil das C stets eine Verbindlichkeit mit sich bringt, wird es für viele buchstäblich zu einem Kreuz, das nicht mehr zu passen scheint. Den einen tut es weh, den anderen ist es nicht nahe genug an den Kirchen dran. Die einen nehmen es als wohlklingende Floskel, andere verlangen nach klarer und längst überfälliger Profilierung.

Doch seien wir ehrlich. Denn auch diese Forderungen und Fragen sind im Jahr des 60. Geburtstages des Grundgesetzes alles andere als neu. Bereits zum 25. Geburtstag der deutschen Verfassung sah der Nestor der Katholischen Soziallehre und Jesuitenpater Oswald von Nell-Breuning beide „Unionsparteien vor der Wertfrage". Seine Erkenntnisse und Forderungen in der Zeitschrift „Stimmen der Zeit" von 1974 haben auch 2009 nichts an Aktualität eingebüßt. Im Gegenteil. Beide Parteien, die CDU und die CSU, hätten von Anfang an das C in besonderer Weise vor die Wertfrage gestellt – und sich selbst einen hohen Anspruch gegeben. Mehr noch: Sie stellen an sich selbst einen „ebenso strengen Anspruch und unterwerfen sich der Messung an ebendiesem Maßstab". Es stehe außer Zweifel, dass „man weit über die Kreise hinaus, von denen die Gründung der CDU und CSU ausging oder die sich diesen Parteien zuwandten, aufgrund der gemachten Erfahrungen entschlossen war, den in Weimar unternommenen Versuch eines wertneutralen Staates nicht zu wiederholen", sondern den Bau der neuen Gesellschaftsordnung auf einem „Consensus über vorgegebene Werte" zu gründen.

Ohne C keine Identität

60 Jahre und kein bisschen greise – so könnte man der 1949 in Bonn verabschiedeten deutschen Verfassung zurufen. Es liegt auf der Hand, im Zusammenhang mit unserem Thema einen Blick darauf zu werfen, wie sehr dieses Grundgesetz mit dem C verbunden ist, und auch, wie viel Segen aus diesem C möglich war und möglich sein wird. Die Präambel beginnt mit der „Verantwortung vor Gott und den Menschen" und ist wahrlich mehr als nur ein nettes Vorwort. Schon gar nicht ein unverbindliches. Es ist zumindest, wie einmal formuliert wurde, ein Vorsatz. Es ist eine Grundent-

scheidung, ein Schlüssel zur Gültigkeit des Vorgegebenen, ein – um das christliche Identifikationsmerkmal des Kreuzes zu bemühen – unersetzbares Pluszeichen der gesamten Gesellschaftsordnung, von der manche richtig sagen, sie sei die freieste und menschengerechteste der Welt. Der in Bonn lebende Karlsruher Verfassungsrichter Udo di Fabio sieht in dieser Präambel gar die „tiefe kulturelle Verknüpfung von Christentum und Rechtskultur des Verfassungsstaates" und hält eine „Entkoppelung von Politik und Christentum, von Staat und Kirche" für undenkbar.

Das C, sprich der christliche Gott, spielt übrigens in einigen Landesverfassungen ebenfalls eine nicht unbedeutende Rolle. Von „Ehrfurcht vor Gott" und „Gottesfurcht" ist etwa in Nordrhein-Westfalen und Rheinland-Pfalz die Rede. „Gott", „Gewissen" und „Achtung der Würde des Menschen" werden eigens in der Bayerischen Verfassung betont. Völlig verstaubt kann also das C und alles, was mit ihm verbunden ist, auch heute nicht sein. Horst Köhler hat – um nur ein Beispiel zu nennen – bei seiner Eidesleistung den angebotenen Zusatz „So wahr mir Gott helfe" 2004 ausdrücklich in seiner Antrittsrede als Bundespräsident hervorgehoben. Er verstand seinen Amtseid als „Verpflichtung, zur Erneuerung Deutschlands beizutragen". Als persönlichen Kompass nannte er dabei sein „christliches Menschenbild und das Bewusstsein, dass menschliches Tun am Ende immer vorläufiges Tun ist".

Es ist kein Zufall, dass die vielen Väter und die wenigen Mütter des Grundgesetzes an den Anfang der deutschen Freiheitsordnung eine Verpflichtung gestellt haben, die – zum Schutze der Demokratie – dem demokratischen Zugriff entzogen ist und entzogen bleiben wird. Auch dieser § 1 hat etwas mit dem C zu tun. Dort heißt es: „Die Würde des Menschen ist unantastbar.“ Das kann man nur verstehen, wenn man die Menschenwürde als etwas Vorgegebenes begreift, also etwas, das nicht geschaffen werden kann, sondern nur respektiert werden muss. Nach christlichem Verständnis ist jeder Mensch – ob reich oder arm, gesund oder krank, angesehen oder nicht, klein oder groß, geboren oder noch nicht, gläubig oder ungläubig, schwarz oder weiß, jung oder alt – ein Abbild Gottes und von ihm erschaffen. Oder, wie es Papst Benedikt XVI. in seiner Antrittspredigt im April 2005 formulierte: „Wir sind nicht das zufällige und sinnlose Produkt der Evolution. Jeder von uns ist Frucht eines Gedankens Gottes. Jeder ist gewollt, jeder ist geliebt, jeder ist gebraucht.“ Und deshalb heißt es ohne Ausnahme und ohne Wenn und Aber: Die Würde „des Menschen“ ist unantastbar. Punkt. Nein, eigentlich: Drei Ausrufezeichen!

Fundament, kein Fundamentalismus

Warum das wichtig ist? Wichtig gerade für unser Thema? Weil sich genau an diesen Fragen beziehungsweise deren aktueller Konkretisierung und dem mit dem C im Parteinamen verbundenen Anspruch vielfach jene Diskussion entzündet, die nach der Christlichkeit der Unionsparteien fragen lässt. Wer sich dieser Diskussion aber stellt, sollte – bei aller Kritik an den C-Parteien – sich zunächst einmal vor Augen führen, dass die mit dem besonderen Anspruch gegründeten Parteien niemals vorhatten oder hätten vorhaben können, gleichsam politische Kirchen zu sein oder zu werden. Weder war geplant, kirchliches, also katholisches und evangelisches Gedankengut eins zu eins in die Politik zu übersetzen, noch war und kann geplant sein, losgelöst von kirchlichen Überzeugungen eine Art Kirchenersatz auf politischer Bühne zu sein. Es gibt also letztlich so etwas wie eine abgefederte Unabhängigkeit der Abhängigkeiten. Was zu den keineswegs nur von C-Politikern definierten Grunderkenntnissen des deutschen Staates und seiner Fundamente gehört, ist von Politikern erklärt worden. Im Parlamentarischen Rat saßen politisch Interessierte und Politiker, nicht aber Moraltheologen oder Dogmatiker. In ihrer christlichen Freiheit oder – um Martin Luther zu bemühen – in der Freiheit eines Christenmenschen legten sie das Fundament für die gesellschaftliche Ordnung wie auch das Fundament für die Parteien.

Dieses Fundament ist aber weder eine Einladung zum toleranzfreien Fundamentalismus noch eine von jeder Vorgabe freie losgelöste Neudefinition dessen, was das C bedeutet. Hinzu kommt auch dies, worauf nicht nur Oswald von Nell-Breuning hinwies: Den Gründern, die „ihre Partei als christlich bezeichneten und das C in deren Namen aufnahmen, war es zweifellos darum zu tun, im Gegensatz zum integralistisch überbetonten Konfessionalismus den interkonfessionellen Charakter ihrer Gründungen herauszustellen; insofern brachte das C mehr das Negative, die Absage an die konfessionelle Trennung, zum Ausdruck als ein positives Bekenntnis zu christlichen Normen und Werten, die man ganz selbstverständlich als verbindlich ansah und annahm, sodass es eines eigenen Hinweises darauf nicht bedurfte."

Diese Selbstverständlichkeit ist offenbar weithin verdunstet. Heute erscheint es daher schwieriger als früher zu sein, beurteilen zu wollen, was gut und böse, was richtig und falsch nach christlichem Glauben ist. Christliche Sittenordnung – das ist ein nicht mehr verstandener Begriff. Vergessen werden darf übrigens nicht, dass die in der Präambel des Grundgesetzes definierte Verantwortung vor Gott und den Menschen nicht ausdrücklich als ausschließlich christlich gemeint war und ist. Diese Verantwortung schließt alle Gottgläubigen ein, jedenfalls alle, die sich dem alttestamentlichen Gott verpflichtet wissen. Das sind Juden, Christen und Muslime. Letztlich sind es alle, die davon überzeugt sind, dass die Menschenwürde unantastbar sein und bleiben muss und es unverletzliche wie unveräußerbare Rechte geben muss. Der Staat kann nur als humaner funktionieren, wenn er die Natur des Menschen und seiner ihm vorgegebenen Rechte und Pflichten berücksichtigt, sie also nicht der Beliebigkeit anheimstellt. Wo aber sind die Grenzen? Wie weit geht die Freiheit eines Christenmenschen? Wie christlich darf, wie christlich kann und wie christlich müssen die Unionsparteien sein? Gestern, heute und morgen?

So gesehen und weil es keinen Fundamentalismus auf der Grundlage des so beschriebenen Fundamentes geben kann, ist stets zu Recht betont worden, dass es eine christliche Politik nicht geben kann. Wohl aber eine Politik aus christlicher Verantwortung. Wenn schon der Staat mit seinem Grundgesetz weltanschaulich neutral, aber keineswegs wertneutral ist, um wie viel mehr darf und muss ein Anspruch an die C-Parteien formuliert und eingefordert werden? Müssen, dürfen und sollen sie sich unterscheiden von anderen? Wenn ja, wo und wie? Haben sie mehr zu bieten als andere? Können und sollen sie klarer und zugleich toleranter sein als andere politische Parteien? Stehen sie nicht vor einer neuen Herausforderung zur Klarheit, wenn allenthalben erkannt wird, dass – wie es selbst die Zeitschrift „Stern“ bemerkt – es eine neue Sehnsucht nach alten Werten in der Gesellschaft gibt? Stimmt die Beobachtung des Bundesverfassungsrichters di Fabio, dass vor allem die 68er-Bewegung traditionelle und bewährte Werte deformiert und zerstört hat und zu einer „fatalen gesellschaftlichen Bindungslosigkeit“ führte? Ist seine Beschreibung richtig, dass es unserer Gesellschaft „an Identität und innerer Stärke“ fehlt, um in der „Auseinandersetzung mit anderen Kulturen bestehen zu können“?

Mehr als andere?

Wenn ja, wäre und ist es dann nicht gerade eine Herausforderung an die Parteien mit dem C, den vergessenen Schatz zu heben, sich aus den Verneblungen der 68er-Verführungen zu befreien und den Mut zum toleranten Profil der Klarheit zu wagen? Wie viele verdrängte, versteckte und geleugnete Chancen stecken und schlummern im C? Ist das C konservativ oder progressiv oder liberal? Ist alles nur noch Mitte? Und was ist die Mitte? Was kann sie sein? Was muss sie sein? Reicht es, wenn die C-Parteien seit der Wahl 2005 gesellschaftliche Debatten lediglich in möglichst unverbindliche Kompromissmuster münden lassen? Zwingt der Anspruch, eine Volkspartei bleiben zu wollen, gar zu einer profillosen Kompromissverliebtheit? Ist das, was etwa in der Familienpolitik seit einigen Jahren propagiert wird, C-gerecht, fair und human? Kann es – um ein wahrlich umstrittenes Feld des Lebens anzusprechen – im Lebensrecht Kompromisse auf Kosten des Lebensrechtes geben? Embryonale Stammzellen, Patientenverfügung, Sterbehilfe – was haben, was hätten die Unionsparteien hier mehr anzubieten als andere? Was wäre und ist wirklich modern? Wo könnten sich mehr Humanität, mehr Freiheit und mehr Lebensqualität abzeichnen? Ist das C nur ein Kreuz oder ist es vielleicht eine Chance?

C-Politiker geben hier unterschiedliche, nachdenkliche Antworten, fragt man sie nach der persönlichen Bedeutung des C für sie. Der Vorsitzende der Jungen Union, Philipp Mißfelder, antwortet auf die Frage „Was mir das C für mein politisches Engagement bedeutet“: „Christ zu sein, bedeutet für mich, frei zu sein – frei von Ängsten und Furcht zu sein und stattdessen voller Hoffnung und Zuversicht leben zu können. Sich in der Kirche, in der Gemeinde geborgen zu fühlen. Mein christlicher Glaube dient mir daher als innerer Kompass. Für mich bedeutet das konkret, dass ich mir politische Entscheidungen nicht leicht mache, dass ich abwäge, prüfe und darüber nachdenke, wo die ethischen Grenzen unseres Handelns liegen. Der Mensch darf nicht alles tun, wozu er technisch fähig ist. Das gilt beispielsweise für das Thema Spätabtreibung oder die Humangenetik mit dem wichtigen Bereich der Stammzellforschung. Wir dürfen den Lebensschutz nicht den anderen überlassen, sondern müssen als Union ein eindeutiges Profil zeigen.“

Mehr als schöne Formeln?

Der junge Bundestagsabgeordnete hätte sich deshalb „auch eine andere Position der CDU bei der Stammzelldiskussion gewünscht“. Die beschlossene Verschiebung des Stichtags hält er „für falsch“ und bekennt: „Wir müssen das Leben von Anfang bis Ende schützen, es in seiner Fülle annehmen. Das ist für mich ein Ergebnis meines christlichen Glaubens, der zwar häufig in der Politik auf die Probe gestellt wird, der sich aber nicht verändert hat durch mein politisches Engagement.“ Der Politiker ist gar davon überzeugt, dass die Union mit ihren „christlichen Prinzipien und der

Orientierung an Werten wie Würde, Nächstenliebe und Rücksichtnahme" sich unterscheide „von allen anderen politischen Richtungen". Und den Kritikern seiner Partei gibt er gleich einen Rat mit auf den Weg. Sie sollten sich „einbringen und für die christlichen Werte auch politisch einstehen". Es sei, so Mißfelder, „möglich, das ‚C' in der Politik hochzuhalten", zumal dies „in der heutigen Zeit wichtiger denn je" sei.

Horst Seehofer, der CSU-Chef und bayerische Ministerpräsident, bekennt auf Nachfrage Ähnliches und erklärt zunächst einmal, dass das „C" im Namen der CSU ein Bekenntnis zum christlich-abendländischen Menschen- und Weltbild sei. Daraus ergebe sich für die CSU „der Auftrag, jeden Tag und jede Stunde dafür zu arbeiten, dass es den Menschen in unserem Land besser geht". Sein Leitmotiv des politischen Handelns: Politik als Dienst am Menschen. Und dann kommen Formulierungen, die schön klingen, aber eben im konkreten Alltag stets einer Überprüfung unterzogen werden müssen: „Das christliche Menschenbild geht vom Einzelnen aus – von dem Menschen in seiner Würde und Freiheit. In der Schöpfungsgeschichte schenkte Gott dem Menschen einen freien Willen und gab ihm die Fähigkeit, Gutes und Böses zu erkennen und entsprechend zu handeln. Der Mensch ist zur Freiheit und Selbstbestimmung berufen. Dieses Menschenbild erlaubt Unterschiede zwischen den Menschen – es gilt, jeden mit seinen besonderen Stärken zu akzeptieren, ihm freie Entfaltung zu lassen und ihn zu fördern, aber auch Eigenverantwortung einzufordern. (...) Wer alle gleich machen will, wer an den Staat glaubt und nicht an die Kraft des Einzelnen, wer vorgibt, wie die Menschen zu leben haben, beraubt die Menschen der Freiheit."

Der bayerische CSU-Löwe spricht vom „Rang der Freiheit des Individuums", erwähnt die „Verantwortung für den anderen, so wie in der katholischen Soziallehre und der evangelischen Sozialethik die Prinzipien der Personalität, Solidarität und Subsidiarität miteinander verknüpft sind", lobt die Vorzüge der Sozialen Marktwirtschaft und die aus den christlichen Werten erwachsende Verpflichtung „auch zur Verantwortung gegenüber künftigen Generationen", nennt die Bewahrung der Schöpfung und reklamiert den Schutz von Ehe und Familie. Den Kindern wolle man in den Schulen Werte vermitteln, weil unsere Gesellschaft diese Werte brauche. Auch wenn es „uns als Menschen nicht jederzeit vergönnt" sei, diese Werte „vollständig selbst zu erfüllen", seien sie doch als Richtschnur unerlässlich. Für Seehofer heißt das C „nicht Unfehlbarkeit. Es gibt Licht und Schatten. Den Schatten auszublenden, wäre falsch. Regeln sind keine Belastung, sondern eine Hilfe. Aber selbst wenn man sie nicht einhalten kann, bleiben sie eine wichtige Orientierung im Leben", schreibt Seehofer.

Lippenbekenntnisse? Schöner Schein? Oder vielleicht doch realistischer Einblick in die lebbare Wirklichkeit? Nur theoretisches Programm oder Ansatz zur Realpolitik? Über all das ist zu reden. Darüber soll auch gestritten werden. Dieses Buch soll und will ein Diskussionsbeitrag dazu sein. Mehr nicht. Aber auch nicht weniger.

Offene Fragen

- ▷ Wofür steht die Union?
- ▷ Wie viel Profil will sie sich leisten?
- ▷ Lassen ihre Führungskräfte eine ehrliche Kritik zu?

Feigheit vor dem Freund

Das C und sein Wert

Der Blick nach Berlin lohnt immer. Nicht nur, weil dort seit einigen Jahren eine bemerkenswerte Frau das Land regiert. Nicht nur, weil Berlin eine faszinierende Stadt ist. Nicht nur, weil zwischen Reichstag und den Parlamentsgebäuden rund um ihn eine bedeutungsschwangere Atmosphäre der Wichtigkeit bei manchem Besucher aus der sogenannten Provinz das respektvolle Staunen möglich macht. Nicht nur, weil dort eine Wirklichkeit des Raumschiffs entstanden ist, gegen die ähnliche Entwicklungen im beschaulichen Bonn nichts als kaum wahrnehmbare Zuckungen waren. Nein, es ist die Symphonie aus Vergangenheit und Zukunft, die dieser Hauptstadt eine ganz eigene, eine unvergleichliche Wirklichkeit verleiht.

Nicht zuletzt ist es – zwanzig Jahre nach dem Fall der Mauer – auch eine neue Generation von Politikern, die der deutschen Demokratie für die medial wahrgenommene Wirklichkeit ein anderes Gesicht verleihen, als dies zu Bonner Zeiten der Fall war. Bonn, die Stadt des Grundgesetzes und der erfolgreichsten Demokratiezeit auf deutschem Boden, liegt am Rhein, ist Teil eines über zwei Jahrtausende gewachsenen Charakters, der wesentliche Züge des Christlichen trägt. In Bonn spielte und spielt Kirche eine selbstverständliche Rolle. Auch wenn sich in Bonn, das sich seit dem Verlust des

Hauptstadttitels tapfer Bundesstadt nennt, vieles ändert und anno 2009 nicht mehr verglichen werden kann mit den Gründerjahren der Bundesrepublik, so ist bis heute das Christliche irgendwie da. Regelmäßiges Kirchengeläute von nicht allzu weit entfernt war im Regierungsviertel immer zu hören, wenn man wollte. Manche sagen gar, der Geist des rheinisch-katholischen Adenauers sei auch noch Jahrzehnte später nicht ganz erloschen. Rheinisch-katholisch – das weiß man im Rheinland – steht für die der rheinischen Weltoffenheit entsprechende Mentalität der Leichtigkeit des Seins, auch gegenüber allem Kirchlichen, das man zwar ernst nimmt, aber bitte nie zu ernst.

Die andere Hauptstadt

Bonn war Hauptstadt. Berlin ist es. Und hier an der Spree muss man schon etwas genauer suchen, um christliche Kultur zu entdecken. Es gibt sie. Aber sie ist keineswegs so alt und in der Geschichte verwurzelt wie im Rheinland, wo mit den Römern bereits vor zweitausend Jahren das C, um im Bild dieses Buches zu bleiben, zu den Menschen kam. Der märkische Sand konnte damals noch mehr als zwölf Jahrhunderte nicht ahnen, dass die Zivilisation auch an die Spree kommen würde. Sie kam. Mit beeindruckendem Selbstbewusstsein. Heute ist Berlin eine Metropole der Welt, die für vieles in Deutschland Maßstab ist. Eine Metropole, die zahlreichen Kulturen Heimat bietet und im wahrsten Sinne des Wortes bunt schillernd ist.

So etwas prägt. So etwas prägt auch Politiker, die aus dem ganzen Land anreisen, um hier Politik für ganz Deutschland zu machen. Berlin prägt mit seiner Macht der Faszination und Größe übrigens mehr, als das Bonn jemals wollte oder auch konnte. Irgendwie war es am Rhein leichter, seine Heimat aus seinem Wahlkreis mitzubringen und ihr Gehör zu verschaffen. Bonn prägte so gesehen nicht. Bonn ließ gewähren. Bonn war tolerant, weil es nicht anders konnte.

Berlin ist da anders. Die Atmosphäre ist hier weit weniger christlich angereichert als anderswo. Sicher, auch das Christliche hat seinen Platz. Aber eben neben vielem anderen. Vertretern der Kirchen fehlt eine Aura des etwas Besonderen. Sie sind eher so etwas wie gleichberechtigte Lobbyisten in der Schar der anderen Verbands- und Interessenvertreter. Sie sind gerne gesehene Gesprächspartner, aber sie müssen mehr um ihr politisches Beachtungsgewicht kämpfen als ihre Vorgänger in Bonn. Es ist nun einmal so. Berlin hat mit seiner säkularisierten und auch bisweilen gottlosen Wirklichkeit die Kraft, von sich aus ins Land zu wirken. Dabei weiß jeder, dass Berlin nicht Deutschland ist und Deutschland nicht Berlin. Mag sein, dass man dieses Phänomen quasi entschuldigend und, wie es jemand einmal sagte, strafmildernd durchaus gewichten muss, wenn man gerade im Blick auf den Reichstag und das Kanzleramt sowie den um diese Stätten kreisenden Mikrokosmos die Frage nach dem C stellt. Ich plädiere also für Fairness, wenn scharf und mit dem Unterton der zweifelsfrei gegebenen harten Antwort aus den anderen und womöglich selbstverständlich christlich geprägten Regionen des Landes nach dem C in der Union gefragt wird.

Das C unter vielem anderen

Ähnliches gilt übrigens auch für München. Auch München ist nicht Bayern, und Bayern ist nicht München.

Das C hat in Oberbayern eine ganz andere Verwurzelung im Leben als etwa im nördlichen Franken. Und München ist sowieso nichts als München. So wie Berlin der Mittelpunkt ist, ist es München auch. Und wie in der Bundeshauptstadt die Lebenswirklichkeit keineswegs nicht automatisch christlich ist, so ist sie es auch in der bayerischen Landeshauptstadt nicht. Obwohl in München die Liebfrauenkirche das Stadtbild so prägt wie in Berlin der Funkturm am Alexanderplatz. Die Hedwigskathedrale jedenfalls liegt etwas abseits in Berlin, obwohl sie mittendrin liegt.

Und was heißt das alles jetzt für unsere Frage? Man muss es einfach wissen und berücksichtigen, wenn C-Politiker, die sich auf der politischen Bühne in Berlin und auf den Empfängen und Tagungen in der Metropole perfekt zu bewegen verstehen, zum C befragt werden. Es wäre einfach unfair, sie mit jener Schablone zu bewerten, die vor einigen Jahrzehnten am Rhein vielleicht noch berechtigt gewesen ist. Bonn bot als Bühne allenfalls das Kanzlerfest oder die übersichtlichen Sommerfeste der Ländervertretungen. Das Beethovenfest zu Ehren des in Bonn geborenen Musikgenies fand schon wieder ohne Bundesprominenz statt. In Berlin hingegen müssen sich, wie gelegentlich von ihnen selbstbewundernd geklagt wird, die Politiker täglich entscheiden, welche der zahlreichen Einladungen sie denn wahrnehmen. Am besten alle nacheinander. Viel Ablenkung, wenig C. So ist es nun einmal. Fast könnte man sagen: Das C geht unter in Berlin.

Könnte das eine Rechtfertigung sein für nicht nur in Berlin feststellbare Entwicklungen? Oder doch nur eine Erklärung? Ist die Berliner Republik, von der man im Unterschied zur nie so bezeichneten Bonner Republik unmittelbar nach dem Umzug vom Rhein an die Spree zu reden begonnen hat, längst östlicher und heidnischer geworden? Mit entsprechender Ausstrahlung auf – nicht zuletzt – die C-Politiker und damit auf das von der Zentrale aus geprägte und überall im Lande wahrgenommene Profil der C-Parteien? War es vielleicht doch ein Fehler, dass nach dem Fall der Mauer verhindert wurde, einen Katholischen Arbeitskreis in der Union zu gründen – gleichsam als Ergänzung zum Evangelischen Arbeitskreis? Diesen hatten engagierte Christen in der Politik zu Bonner Zeiten ins Leben gerufen, um der im Rheinland vornehmlich katholisch geprägten CDU ein ökumenisches Gegengewicht zu bieten. Doch entsprechend engagierte Versuche, mit demselben Argument nach der Wende ein sichtbares katholisches Forum zu installieren, scheiterten in den Neunzigerjahren, auch am Widerstand eines prominenten protestantischen Unionspolitikers. Der dann ins Leben gerufene und nach dem früheren Kölner Erzbischof und Sozialethikers benannte Kardinal-Höffner-Kreis schaffte den Sprung aus einem eher unverbindlichen Gesprächskreis ohne besondere Wirkung ins mehr als nur Nette und Freundliche nicht, obwohl er bei der Bundestagsfraktion der Union angesiedelt ist und als Vorsitzenden einen Unionspolitiker hat. Einen in der Partei verankerten und als Teil dieser Partei wahrgenommenen Katholischen Arbeitskreis, vergleichbar mit dem Evangelischen Arbeitskreis, mit einer eigenen Publikation gibt es bis heute nicht. Leider.

Ganz anders, aber religiös

Im Konzert der Meinungen und Überzeugungen scheint das C im pluralistischen Berlin kaum oder nur eine geringe Chance zu haben. Ist das vielleicht einer der Gründe, warum sich die neue deutsche Republik ganz anders präsentiert als die vermeintlich christlicher geprägte alte Republik des Westens? Ist die Klage, die man gelegentlich hört, dass der Geist der Berliner Republik letztlich an vielem schuld sei bis hin zur Verdunstung des C in der Union, ernst zu nehmen? Wohl kaum. Es wäre zu kurz gesprungen, derart monokausal Veränderungen erklären zu wollen. Richtiger wird sein, daran zu erinnern, dass die Union, dass deren Köpfe Teil einer Gesellschaft sind, die sich stets verändert und auch schon verändert hat. Irgendetwas wird schon dran sein an dem Spruch, dass jede Gesellschaft die Politiker hat, die sie verdient. Will sagen: Die Politiker sind Teil der Gesellschaft und haben eben jene Gesellschaft, aus der heraus sie kommen, widerzuspiegeln. Von einer Vorbildfunktion und der Verantwortung, die sie etwa als gewählte Vertreter des Souveräns zu tragen haben, einmal abgesehen: Sollen sie völlig anders sein als die deutsche Wirklichkeit? Und ist diese nicht längst weitgehend vom C befreit? Sollen Unionsvertreter also päpstlicher als der Papst sein?

Viel wurde in der Vergangenheit darüber diskutiert und spekuliert, dass die Zeiten des Religiösen, also auch die Zeiten des C, mehr und mehr der Geschichte angehören. Von Säkularisierung war die Rede, ja selbst innerhalb der Kirchen wurde ein säkularisiertes Christentum beklagt. Der moderne Mensch, so hörte man ab und an, sei ein aufgeklärter und kaum mehr religiöser. Die moderne Gesellschaft, also auch und gerade die deutsche, werde eine entchristlichte Gesellschaft sein, eine, in der es vielleicht noch christliche Angebote im Supermarkt der Meinungen geben könne, aber eben keine mehr, in der das mit dem Christentum verbundene Religiöse einen markanten Stellenwert haben werde.

Was die östlichen Länder des wiedervereinten Deutschland betrifft, so ist tatsächlich zu beobachten, dass es christenfreie Zonen gibt. Tatsächlich gibt es hier wie nirgendwo auf dem Kontinent Landstriche, in denen der Kommunismus ganze Arbeit bis in den Wurzelgrund geleistet hat. Nirgendwo sonst mit Ausnahme von Teilen Tschechiens gibt es derart C-freie Zonen. In entsprechenden Untersuchungen werden als religiös besonders entleerte Regionen Berlin, Brandenburg, Mecklenburg-Vorpommern und Sachsen-Anhalt genannt – im Unterschied zu den religiös stärkeren Regionen wie Bayern, Baden-Württemberg, Saarland, Rheinland-Pfalz und Nordrhein-Westfalen. Ob die C-freie Wirklichkeit im Osten aber prägend sein kann und sollte für ganz Deutschland und seine C-Parteien, ob das gar ein Ausweis von Aufklärung und Freiheit sein könnte, das darf zumindest heftig bestritten und debattiert werden. Und mit Modernität hat es wohl auch nichts zu tun, wenn man den Stifter des C in der Darstellung am Kreuz für ein gewagtes und absurdes Kunstwerk hält und allen Ernstes noch nicht einmal kulturgeschichtlich eine Ahnung davon hat, dass es Jesus Christus wirklich gegeben hat.

Deutschland – ein säkularisiertes und religionsfreies Land? Kann die Union also getrost weniger C zulassen, weniger christlich sein als einst, weil ja ohnehin das C im Volk verdunstet? Der Religionsmonitor der Bertelsmann Stiftung wartet diesbezüglich mit Überraschungen auf. Dort kommt man – etwa im Januar 2009 – nach sorgfältigen Untersuchungen zu dem Ergebnis, dass Deutschland ein religiöses Land ist. Sic! Denn die meisten Deutschen gehören einer Religionsgemeinschaft an. Und die soziale Infrastruktur ist vor allem von christlichen Institutionen, Angeboten und Einrichtungen geprägt. Schulen, Krankenhäuser, Senioreneinrichtungen, Kindergärten – die meisten sind in kirchlicher Trägerschaft. Präsent ist das C auch durch Vereine und Verbände, durch Kinder- und Jugendgruppen und zahlreiche Aktivitäten, nicht zuletzt von Menschen im Ehrenamt. Gewiss: In Oberbayern ist das eher und häufiger zu erfahren als in Berlin oder Cottbus. Aber insgesamt lässt sich feststellen, dass das C im Leben der Deutschen erkennbar vorhanden ist. Mal mehr, mal weniger profiliert.

Es gibt Unterschiede. So gelten im Osten des Landes nicht mehr als durchschnittlich rund 30 Prozent als religiös, im Westen sind es knapp 80 Prozent. Insgesamt glauben etwas weniger als zwei Drittel an die Existenz eines göttlichen Wesens, 70 Prozent betrachten sich irgendwie als religiös, ein Viertel davon sogar als sehr religiös. Für 15 Millionen Menschen in Deutschland spielt also die Religion eine lebensprägende Rolle. Bemerkenswert ist hier, dass von den rund dreieinhalb Millionen Muslime in Deutschland 90 Prozent religiös sind, davon die Hälfte sogar hochreligiös. Offenbar gibt es hier eine stärkere Bindung an das, was vergleichbar bei den Christen an Bindungskraft verloren hat. Die hohe Religiosität, die man allgemein beobachtet, mündet jedenfalls nicht automatisch in einer bleibenden oder gar wachsenden Kirchlichkeit. Im Gegenteil. Das C scheint seine konkrete Verbindlichkeit ein wenig zu verlieren. Jedenfalls im Blick auf die Kirchen, mit denen weithin das C verbunden wird. Zwar sind die Katholiken in Deutschland heute konfessionell gesehen eine Mehrheit von 25,7 Millionen. Doch es gibt nach wie vor hohe Austrittszahlen, und wenn die Prognosen mancher Experten stimmen, dann wird der Mitgliederschwund in den kommenden fünfzehn Jahren weitere fünfzehn oder gar mehr Prozent betragen. Religion ja, Kirche eher nein – so sieht es vielfach aus.

Man muss eben auch diese Realität im Blick haben, wenn man über das Kreuz mit dem C nachdenkt und eine Antwort auf die Frage nach der Christlichkeit der Union sucht. Es ist eben nicht so simpel, wie viele meinen. Auch Peter Ramsauer, der CSU-Landesgruppenchef in Berlin, weiß das. Und plädiert – wie viele andere auch – für Fairness. Das eine stimmt eben genauso wenig wie das andere, meint er: Die klagende Behauptung aus konservativen Kirchenkreisen, dass christliche Überzeugungen keine Rolle mehr in Deutschland spielten – wie auch zumeist aus derselben Ecke die selbst definierte Berechtigung, der Union den Anspruch zum Führen des C in einer säkularisierten Gesellschaft abzusprechen. Beides sei Unsinn. Beides sei falsch. Enttäuschten Traditionalisten fehle gelegentlich ebenso wie vielen Kritikern das Gespür dafür, wie lebendig christliche Überzeugungen nach wie vor in Deutschland seien, wenngleich sich auch vieles heute anders ausdrücke. Den Wandel müssten Politiker nicht nur sehen, sondern auch berücksichtigen.

Zu diesem Wandel gehört auch eine Erkenntnis, die der CDU-Mann Hermann Kues im Jahr 2008 in einer theologischen Fachzeitschrift formulierte. Bestimmte Selbstverständlichkeiten seien verloren gegangen, denn die Union werde nicht mehr wie früher trotz ihres ökumenischen Charakters vor allem als Partei katholischer Christen verstanden. Der Katholik Kues sieht – auf einen möglichen Katholischen Arbeitskreis in der Union angesprochen – gleichwohl hier keinen wirklichen Bedarf und meint, ein solcher Kreis müsse ja erst einmal bestimmen, was denn das Katholische ausmacht. Das sei gar nicht so leicht – liest man, und wundert sich, wo doch eine solche Bestimmung im evangelischen Bereich trotz der dort gegebenen Vielfalt und Unterschiedlichkeit offenbar vor vielen Jahrzehnten kein wirkliches Problem gewesen zu sein scheint. Der Befragte wiegelt lieber ab und lenkt in eine Ecke. Wenn es sich bei einem solchen Arbeitskreis lediglich um ein Bündnis derer handeln würde, die traurig darüber sind, dass bestimmte Traditionen nicht mehr funktionieren, dann wäre eine solche Plattform nicht zukunftsfähig. Aber nach einer solch engstirnigen Gruppierung war der Bundestagsabgeordnete und Staatssekretär gar nicht gefragt worden. Erstaunlich, dass da offenbar eine regelrechte Angst subkutan vorhanden ist! Denn viele keineswegs engstirnige und rückwärtsgewandte Katholiken wüssten schon gerne, wo denn ihre durchaus weltoffene Stimme in der Union von heute und morgen eine Stimme haben könnte.

Gespräche wie die mit Hermann Kues sind symptomatisch. Sie zeigen einerseits ein Ringen mit dem C, andererseits eine gewisse Unsicherheit, Profilträgern des C eine wirkliche Chance zu geben. Es gibt in der Union so etwas wie die Furcht vor dem C. Es gibt so etwas wie die Angst vor dem Verlust der eigenen uneingeschränkten Deutungshoheit. Es ist und klingt vor allem richtig, wenn C-Politiker fordern, man solle das C nicht wie eine Monstranz vor sich hertragen, weil das niemanden wirklich überzeuge. Es ist ja ebenfalls richtig, dass früher selbstverständliche Verbindungs- und Karrierelinien von der konfessionell gebundenen Jugend bis hin in die Verantwortungsebene der Union heute weggebrochen sind. Und es ist nicht zu bestreiten, dass die einst funktionierende Partnerschaft zwischen der Soziallehre der Kirche und der Union Macken bekommen hat.

Vieles ist schwieriger, komplexer und pluraler geworden. Das Dominikanerkloster Walberberg bei Bonn gibt es nicht mehr. Die enge Beziehung in den Kinderjahren der Republik von hier aus nach Bonn und umgekehrt ist Geschichte. Was einmal mit kirchlicher Unterstützung etwa 1957 im Blick auf die dynamische Rente entstehen konnte, kann heute weder vom Verfahren noch von der Sache so einfach kopiert werden. Und wenn C-Politiker heute mit kritischem Unterton anmerken, dass die Soziallehre sich auch viel zu wenig mit alltagstauglichen Überlegungen beschäftige, wenn sie von ihr fordern, sie müsste Überlegungen dazu anstellen, wie der Sozialstaat künftig aussehen könnte – vor allem hinsichtlich des Verhältnisses von Individualismus, Staat und Gesellschaft, dann, ja dann schieben sie den Schwarzen Peter allzu einfach von sich weg und suchen Schuld für ein gestörtes Verhältnis dort, wo diese Schuld sicher nicht ursächlich anzusiedeln ist.

Ich will zitieren, was Hermann Kues in der Herder-Korrespondenz im Herbst 2008 zum C sagte, weil es deutlich macht, wie sehr dies ein Thema ist – oder auch nicht. Auf die Frage, ob sich die CDU nicht gerne grundsätzlich mit der Herausforderung des C im Parteinamen befasse und eher dieses Erbstück als gegeben hinnehme, lautet die Antwort: „Die CDU ist auch immer eine sehr pragmatische Partei gewesen, die Dinge konkret umgesetzt hat. Aus dem christlichen Menschenbild lassen sich bestimmte soziale Verpflichtungen ableiten, gleichzeitig auch die Berufung des Menschen zur Freiheit. Das muss sich beides in praktischer Politik niederschlagen. Wenn die CDU etwa nicht sozial sensibel ist, verliert sie schnell Wahlen. (...) Hinter jeder politischen Entscheidung steckt ja letztlich ein bestimmtes

Bild vom Menschen und der Gesellschaft. (…) Das C ist schließlich der Markenkern der Union. Solange sie mit dem C im Namen operiert, muss sie es auch immer wieder deuten, an die praktische Politik rückkoppeln und es begründen. (…) Die CDU würde ohne das C ihre Identität verlieren."

Große Worte eines engagierten Politikers und eines überzeugten Christen. Bloß: Könnte vieles von diesem Bekenntnis – mit Ausnahme der Markierung des Markenkerns – nicht auch von einem engagierten Politiker manch anderer Parteien ebenso überzeugend gesagt werden? Viele fragen doch nicht nur theoretisch, wo denn der Unterschied der C-Parteien in der pragmatischen Politik zu anderen ist. Und was bitte macht denn die Identität der Union aus, die sie verlieren könnte, wenn es das edle Erbstück nicht mehr gäbe? Freiheit, Menschenbild, Verantwortung, soziale Gerechtigkeit, Werte, Demokratie – sind das heute (noch) exklusive Bestandteile des Profils einer C-Partei? Wo ist denn wirklich der Unterschied zur FDP oder zur SPD? Letztere operiert auch gerne mit dem Begriff des christlichen Menschenbildes. Wo ist zum Beispiel der identitätsstiftende Unterschied in der Stammzelldebatte erkennbar geworden? Wo wird er sichtbar in der Frage der Spätabtreibungen? Wo in der Debatte über Patientenverfügungen? Wo war er denn bei der Neuregelung des § 218 nach dem Fall der Mauer, als man einen Kompromiss suchte zwischen dem Recht auf Tötung noch nicht geborener Menschen und dem Anspruch der Unantastbarkeit der im Bonner Grundgesetz deklarierten Menschenwürde?

Offene Fragen

- ▷ Wie prägend ist Berlin?
- ▷ Was sind feierliche Beschwörungen des C wert?
- ▷ Wer weiß noch in der Union, was das C bedeutet?

Grundsätzliches Placebo?

Das C in den Programmen

Beide C-Parteien haben Grundsätze. Grundsätzlich. Also als Programm. Als Grundsatzprogramm. Die große Schwester hat zum dritten Mal in ihrer Geschichte ein solches Papier beschlossen. Die bayerische Union hat bereits ihr sechstes Programm. Die CDU-Variante trägt die Überschrift „Freiheit und Sicherheit". Mit einem Punkt dahinter. Und sie spricht von Grundsätzen für Deutschland. Beschlossen wurden diese auf dem 21. Parteitag in Hannover am 3. Dezember 2007. Die bayerische Variante lockt mit dem Titel „Chancen für alle!", setzt ein Ausrufezeichen dahinter und möchte laut Untertitel „in Freiheit und Verantwortung gemeinsam Zukunft gestalten". Beschlossen wurde dieser Anspruch am 28. September 2007. Ein Blick auf diese Programme lohnt sich. Und man findet ganz viel C – schon in der Präambel bei Merkels Union:

„Wir Christliche Demokraten bekennen uns im Bewusstsein unserer Verantwortung vor Gott und den Menschen mit diesem Grundsatzprogramm zu unseren Werten und Zielen und geben Antworten auf die Herausforderungen unserer Zeit. Die CDU ist die Volkspartei der Mitte. In ihr sind auch heute die politischen Strömungen lebendig, aus denen sie nach 1945 entstanden ist: die christlich-soziale, die liberale und die wertkonservative. Wir orientieren uns am christlichen

Bild vom Menschen und seiner unantastbaren Würde und davon ausgehend an den Grundwerten Freiheit, Solidarität und Gerechtigkeit. Wir streben nach dem richtigen Verhältnis der Grundwerte zueinander. In einer sich ändernden Welt bleibt es unser Auftrag, Werte und Wirklichkeit zusammen zu denken und entsprechend zu handeln. Die Einsicht in die Fehlbarkeit des Menschen bewahrt uns vor der Gefahr, Politik zu ideologisieren und zeigt uns die Grenzen der Politik auf."

Scharfe Unschärfe

Man erfährt auch, was ein christlicher Demokrat ist, und zwar unter der Überschrift „WIR CHRISTLICHE DEMOKRATEN". Dort heißt es unter anderem: „Die Christlich Demokratische Union Deutschlands ist die Volkspartei der Mitte. Sie wendet sich an alle Menschen in allen Schichten und Gruppen unseres Landes. Unsere Politik beruht auf dem christlichen Verständnis vom Menschen und seiner Verantwortung vor Gott. Das christliche Verständnis vom Menschen gibt uns die ethische Grundlage für verantwortliche Politik. Dennoch wissen wir, dass sich aus christlichem Glauben kein bestimmtes politisches Programm ableiten lässt. Die CDU ist für jeden offen, der Würde, Freiheit und Gleichheit aller Menschen anerkennt und die hieraus folgenden Grundüberzeugungen unserer Politik bejaht. Auf diesem Fundament baut unser gemeinsames Handeln in der CDU auf." Wenig später werden die geistigen und politischen Grundlagen der CDU beschrieben, die „in der Sozialethik der christlichen Kirchen, in der liberalen Tradition der Aufklärung, in der wertkonservativen Pflege von Bindungen und dem

Wissen darum, dass der Staat nicht allmächtig sein darf, sowie im christlich und patriotisch motivierten Widerstand gegen den Nationalsozialismus zu finden“ sind. Eine eigene Passage widmet sich – in der Tradition zu früheren Grundsatzprogrammen – dem christlichen Menschenbild:

„Für uns ist der Mensch von Gott nach seinem Bilde geschaffen. Aus dem christlichen Bild vom Menschen folgt, dass wir uns zu seiner unantastbaren Würde bekennen. Die Würde aller Menschen ist gleich, unabhängig von Geschlecht, Hautfarbe, Nationalität, Alter, von religiöser und politischer Überzeugung, von Behinderung, Gesundheit und Leistungskraft, von Erfolg oder Misserfolg und vom Urteil anderer. Wir achten jeden Menschen als einmalige und unverfügbare Person in allen Lebensphasen. Die Würde des Menschen – auch des ungeborenen und des sterbenden – ist unantastbar. Aus der Würde des Menschen erwächst sein Recht auf die freie Entfaltung der Persönlichkeit und zugleich die Verantwortung gegenüber dem Nächsten. Der Mensch besitzt die Freiheit zur sittlichen Entscheidung. Er steht nach christlichem Verständnis in der Verantwortung vor Gott und vor seinem Gewissen und ist auf Gemeinschaft mit seinen Mitmenschen angelegt.“ Man versteht als Christdemokrat „den Menschen als Teil der Schöpfung“, dem es nicht zusteht, „nach Belieben über die Natur zu verfügen“. Diese sei dem Menschen „zur Gestaltung und Bewahrung anvertraut“. Betont wird die Verantwortung, „wie wir sie (gemeint ist die Schöpfung, Anmerkung d. Verf.) den nachfolgenden Generationen weitergeben. Auf diesem Menschenbild beruhen die Grundlagen der demokratischen Rechts- und Verfassungsstaaten. Das gilt auch für diejenigen, die Würde, Gleichheit und Freiheit des Menschen nicht aus dem christlichen Glauben herleiten.“

Das deutsche Gemeinwesen lebe, so wird gesagt, „von geistigen Grundlagen, die weder selbstverständlich noch für alle Zeiten gesichert sind". Und deshalb ist „die besondere Selbstverpflichtung der CDU, die christlich geprägten Wertgrundlagen unserer freiheitlichen Demokratie zu bewahren und zu stärken. Sie sind Maßstab und Orientierung unseres politischen Handelns. Aus ihnen leiten sich unsere Grundwerte Freiheit, Solidarität und Gerechtigkeit her. Sie erfordern, begrenzen und ergänzen einander und sind gleichrangig. Ihre Gewichtung untereinander sinnvoll zu gestalten, ist unsere Aufgabe und Kern der politischen Auseinandersetzung. Die Grundwerte als unteilbare Menschenrechte gelten universell und über unsere nationalen Grenzen hinaus."

Klare Sätze – ohne Wirkung?

Unter der Überschrift „Die Schöpfung und das Leben bewahren" finden sich bemerkenswerte Sätze, nach deren Lektüre man sich allerdings fragt, ob es sich hier um verpflichtende Grundsätze oder ein grundsätzliches Placebo handelt. Unwillkürlich meldet sich die Debatte zur embryonalen Stichtagsregelung im Gedächtnis. Denn im Grundsatzprogramm lesen wir unter dem Titel „Die Würde des Menschen schützen – Vom Beginn bis zum Ende des Lebens" unter der Ziffer 231:

„Die unantastbare Würde des Menschen als Geschöpf Gottes ist menschlicher Verfügung nicht zugänglich und ist zu schützen. Der Mensch ist immer Subjekt, er darf niemals Objekt sein. Die Würde des Menschen ist auch für die Bewertung bioethischer Herausforderungen Ausgangs- und Orientierungspunkt. Sie erfordert Achtung und Schutz des menschlichen

Lebens in allen Phasen. Das noch nicht geborene Leben bedarf, beginnend mit der Verschmelzung von Samen und Eizelle, unseres besonderen Schutzes und unseres kritischen Umgangs mit den sich weiterentwickelnden Möglichkeiten der Pränataldiagnostik. Wir treten für ein Verbot der Präimplantationsdiagnostik (PID) ein. Mit den hohen Abtreibungszahlen, die sich auch aus Spätabtreibungen ergeben, finden wir uns nicht ab. Wir müssen Frauen und Männern dabei helfen, sich für das Leben zu entscheiden."

Es geht dann sofort um das, was immer wieder die Gemüter erhitzt, wo es offenbar um einen immer wieder erkennbaren Konflikt zwischen Lebensschutz und Forschungshoffnung geht. Heilung, Leidminderung und die helfende Begleitung von Menschen in lebensbedrohlichen Situationen werden als Ausdruck von Humanität, Solidarität und der im christlichen Glauben begründeten Nächstenliebe. Klar und deutlich markiert die CDU: „Behinderte, Kranke, Sterbende und Menschen in anderen schwierigen Lebensphasen haben ein Anrecht auf ein menschenwürdiges Leben. Wir unterstützen die Palliativmedizin, die Hospize und andere Formen der Sterbebegleitung, die Sterbenden die letzte Lebensphase und ihnen und ihren Angehörigen ein würdiges Abschiednehmen erleichtern. Aktive Sterbehilfe lehnen wir ab. Wir wollen die Bereitschaft zur Organspende stärken."

Von Gewissen und Chancen ist dann die Rede unter der Ziffer, die sich der biomedizinischen Forschung widmet. Diese biete „Lösungen für Zukunftsprobleme und trägt wesentlich zur Heilung von Krankheiten und Linderung von Leid bei. Chancen und Risiken sind gewissenhaft abzuwägen." Und dann kommt der Satz, dessen konsequente Beachtung sich viele in der Stammzelldebatte gewünscht hätten: „Die Achtung der unantastbaren Würde des Menschen hat für uns Vorrang vor der Freiheit der Forschung und der Sicherung von Wettbewerbsfähigkeit. Wir wollen die Beibehaltung des konsequenten Embryonenschutzes und wenden uns gegen verbrauchende Embryonenforschung. Dafür setzen wir uns auch auf europäischer und internationaler Ebene ein. Das Klonen von Menschen lehnen wir ab."

Der Hauch des Unverbindlichen

Zugegeben: Es liest sich vieles sehr gut in diesem Programm. Aber man muss schon etwas genauer hinsehen, um zu erkennen, dass vieles eben doch den Hauch des ziemlich Unverbindlichen hat. Zunächst: Es ist richtig und eine klare Absage an jeden Fundamentalismus, dass sich aus christlichem Glauben kein bestimmtes politisches Programm ableiten lässt. Was im Neuen Testament steht, was also die Grundlage, das Fundament für das C ist, ist selbst kein politisches Programm. Theologische Glaubensgrundlagen sind keine parteipolitischen Grundsatzpapiere. Und auch die endzeitliche Ethik Jesu, wie sie in der Bergpredigt radikal zum Ausdruck kommt und immer wieder dazu verleitet, in den konkreten Alltag eins zu eins zu transportieren, enthält keinen Anspruch auf eine rechtlich-strukturelle Ordnung der Gesellschaft. Sie wendet sich vielmehr an den einzelnen Gläubigen, der dazu aufgerufen ist, sein persönliches Leben nach den Weisungen Jesu auszurichten. Die Bergpredigt ist kein politisches Handbuch.

So gut diese im Programm geäußerte Erkenntnis auch ist, so bedauerlich ist die seit 2007 gültige Unschärfe dessen, was denn eigentlich gemeint ist. In der CDU wird nämlich nicht mehr selbstverständlich vom „christlichen Menschenbild" gesprochen. Hingegen ist

– immerhin noch – an mehreren Stellen die Rede vom „christlichen Bild vom Menschen“. Das ist sicher verständlich für eine wirkliche oder einstige Volkspartei, der es ein Anliegen sein muss, auch jenseits des Christlichen Wähler zu bekommen. Aber: Während das „christliche Menschenbild“ etwas Normatives und Verbindliches transportiert und bestimmte Konsequenzen, wie etwa im unbedingten Lebensschutz, verlangt, schwingt beim „christlichen Bild vom Menschen“ viel Unverbindlichkeit mit, als handele es sich eben um nicht mehr als eine christliche Sicht vom und auf den Menschen.

Irgendwie bleibt der schale Geschmack, dass das „christliche Bild vom Menschen“ halt letztlich eines von vielen Angeboten und eine von vielen Sichtweisen im Pluralismus der Wirklichkeiten ist. Die süße Diktatur des Relativismus lässt grüßen. Das christliche Menschenbild hingegen ist kein Exklusiv-Sondergut von Christen für Christen. Es ist vielmehr – wie an anderer Stelle dieses Buches nachzulesen – eine der menschlichen Natur und seiner Berufung umfassend gerecht werdende Erkenntnis mit universalem Anspruch. Wer so seine Wurzeln kappt oder zumindest austrocknen lässt, darf sich übrigens nicht wundern, wenn in Grundsatzfragen dann konkret Kompromisse ihren Raum beanspruchen, die es gar nicht geben kann und darf – wie zum Beispiel beim Lebensrecht. Denn das gibt es nur ganz – oder gar nicht. Teilbar ist es nicht. Grundsätzlich ist die CDU für vieles, auch und besonders für den Lebensschutz. Grundsätzlich moralisch. Doch wenn's zum Schwur kommt, wenn das Grundsätzliche seine gesetzliche Regelung fordert, wenn also konkret rechtliche Definitionen und damit auch Abgrenzungen notwendig sind, dann wird es offenbar schwierig für manche, der grundsätzlichen Logik zu folgen. Müsste man also sagen: grundsätzlich und unverbindlich – oder grundsätzlich unverbindlich? Die CDU als eine Partei, die auf die Gretchenfrage „Wie hältst du es mit dem C?“ eher verschwommen und ausweichend antwortet?

Vielleicht sind Grundsatzpapiere letztlich nur etwas für die Ablagen und interessierte Parteienforscher. Aber warum werden sie dann erarbeitet? Vermutlich, weil sie etwas über den inneren Erkenntnishorizont und das aktuelle Denken einer Partei aussagen – und weil man so etwas haben will wie eine inhaltliche Visitenkarte. Doch was ist diese wert, wenn sie so viele Leerstellen aufweist? Der Sozialethiker und Dominikanerpater Okkenfels fragt sich das wohl auch und befürchtet gar, dass die Menschenwürde offenbar nur noch jenen „Wertüberzeugungen“ zugedacht sein könnte, die sich selbstverständlich „nicht staatlich verordnen“ lassen. Immerhin werde die Menschenwürde jenen Werten zugerechnet, „die christlichen Ursprungs sind“ und die man schon schützen müsse und sollte. Aber „eine rechtliche Geltung im Sinne eines Menschenrechts auf Leben hat die Würde nicht.“ Tatsächlich lässt sich im Blick auf das C und seine zwingenden Konsequenzen im Dienst der Freiheit und der Humanität fragen, welche Bedeutung denn die Würde für einen noch nicht geborenen und vielleicht soeben erst gezeugten Menschen hat, dem das Recht auf Leben erst gar nicht zugestanden wird? Oder ist das etwa auch eine der Beliebigkeit anheimgestellte Interpretationsfrage? Gibt es einen eklatanteren Verstoß gegen die Menschenwürde und ihre grundgesetzlich garantierte beziehungsweise reklamierte Unantastbarkeit als die Tötung eines unschuldigen Menschen?

Die bayerische Union ist da konkreter, klarer und prägnanter. Dort heißt es gleich zu Beginn:

„Ausgehend vom christlichen Menschenbild setzen wir auf Eigenverantwortung und Solidarität. Dazu gehören für uns die Verantwortung vor Gott und die Liebe zu den Menschen, der Schutz des Lebens, die Verantwortung für die Zukunft, Nachhaltigkeit, Generationengerechtigkeit, kultureller Zusammenhalt und Patriotismus. Unser Leitbild für eine vitale und gerechte Gesellschaft ist die Solidarische Leistungsgesellschaft. Die Solidarische Leistungsgesellschaft ist eine an das christliche Menschenbild gebundene, wertorientierte Gesellschafts- und Wirtschaftsordnung, mit der wir die Voraussetzungen für ein eigenverantwortliches Leben und eine gerechte Teilhabe aller am Fortschritt schaffen.“

Ohne Umwege wird bei der CSU auch beschrieben, wie man christliche Verantwortung vor Gott und den Menschen versteht: „Das ‚C‘ ist uns Orientierung und Verpflichtung. Das ‚C‘ im Namen unserer Partei ist grundlegende Orientierung für unser politisches Handeln. Unsere christliche Wertorientierung ist von dauerhafter Gültigkeit für Freiheit, Frieden, Gerechtigkeit, für den Schutz des Lebens und die Bewahrung der Schöpfung. Christliche Verantwortung macht jedes Handeln rechenschaftspflichtig vor Gott und den Menschen. Die Christen in der CSU handeln in eigener Verantwortung und aus eigener Gewissensüberzeugung. Dabei ist die CSU für alle offen, die unsere Werte und Ziele bejahen, unabhängig von ihrer persönlichen Glaubensüberzeugung.“

An anderer Stelle heißt es und wird begründet: „Für die CSU ist das christliche Menschenbild bestimmender

Maßstab. Unser Menschenbild hat seine Grundlage im Christentum mit seinen jüdischen Wurzeln. Maßstab und Orientierung unseres Handelns ist das christliche Menschenbild mit der Entwicklung aus Antike, Humanismus und Aufklärung. Für uns gilt: Jeder Mensch ist einmalig. Das begründet seine unveräußerliche Würde. Alle Menschen haben Anspruch auf die gleichen Freiheiten und Rechte und auf Gleichheit vor dem Gesetz, unabhängig von Herkunft, Sprache und Hautfarbe, unabhängig von Geschlecht oder Religion, unabhängig von körperlichen oder geistigen Stärken und Schwächen. Dem christlichen Menschenbild entsprechen die Grundlagen unseres Handelns: Freiheit und Verantwortung, Solidarität und Chancengerechtigkeit, Subsidiarität als Verantwortungs- und Strukturprinzip. Unser Menschenbild geht von der Eigenverantwortung des Einzelnen aus. Der Mensch ist zur Freiheit und Selbstbestimmung berufen.

Jeder ist zunächst selbst dafür verantwortlich, wie er seine Fähigkeiten entwickelt und einsetzt, wie er sein Leben gestaltet. Nur diese freiheitliche und selbstverantwortliche Einstellung zum Leben ermöglicht dem Einzelnen die Entfaltung seiner Persönlichkeit und bedeutet eine Selbstverwirklichung, die nicht auf Kosten anderer Menschen geht, sondern auch diesen zugutekommt. Jeder trägt Verantwortung für sich und die Mitmenschen. Daher müssen Erziehung und Bildung die Entwicklung zur selbstbestimmten und sozial verpflichteten Persönlichkeit fördern. Die CSU setzt auf den selbstständigen und eigenverantwortlichen Menschen. Die CSU tritt für Glaubens-, Gewissens- und Religionsfreiheit ein. Die Orientierung an den Werten des Christentums ist das geistige und kulturelle Fundament für den Zusammenhalt unserer Gesellschaft und für den respektvollen Dialog mit anderen Kulturen und

Wertvorstellungen. Eine von den Menschen aus innerer Überzeugung gelebte Toleranz ist unverzichtbare Grundlage einer humanen Gesellschaft. Die Trennung von Kirche und Staat ist für uns ebenso wichtig wie ihre rechtlich geregelte Kooperation. Die CSU tritt für die öffentlichen Wirkungsmöglichkeiten von Religionsgemeinschaften und Kirchen ein und lehnt ein laizistisches Öffentlichkeits- und Staatsverständnis ab. Religionsfreiheit endet, wo sie in Widerspruch zur Charta der Menschenrechte, zum Grundgesetz, zur Bayerischen Verfassung und zu unserer Rechtsordnung steht."

Weiß-blaue Unerschrockenheit

Ganz direkt wird das C angesprochen – und zwar stets mit Hinweisen auf entsprechende Konsequenzen für einen christlich-sozialen Politiker. Eine wichtige Erkenntnis wird dabei nicht außer Acht gelassen: „Unser Staat beruht auf Werten, die er selbst nicht schaffen kann. Deshalb müssen die christlichen Wurzeln unserer Gesellschaftsordnung bewahrt und gefördert werden. Dafür steht das ‚C' in unserem Namen und dafür arbeitet die CSU."

Da stellt sich natürlich gleich die Frage, wie es denn die CSU mit dem Lebensschutz hält. Auch hier klare Worte und klare Bekenntnisse:

„Jeder Mensch ist ein Geschöpf Gottes. Unser christliches Menschenbild und unsere Verfassung verpflichten Staat, Politik und Gesellschaft, menschliches Leben zu schützen und zu fördern. Wir wollen einen wirksamen Schutz des menschlichen Lebens von seinem Anfang bis zu seinem Ende. Das christliche Menschenbild ist für die CSU Grundlage im Ringen um notwendige Regeln für den Lebensschutz und für Möglichkeiten der Hilfe und Heilung durch Erkenntnisse des wissenschaftlichen Fortschritts. Der uneingeschränkte Schutz der Würde der Person und der Unverfügbarkeit über Menschenleben hat Vorrang vor der Forschung. Die Menschenwürde und das Recht auf Leben stehen allen Menschen zu – dem geborenen ebenso wie dem ungeborenen." Und um alle Zweifel auszuräumen, gibt es eine deutliche Ansage: „Das ungeborene Kind ist Mensch von Anfang an. Abtreibung ist Tötung. Es ist die Verpflichtung des Rechts und Sozialstaats, das Leben zu schützen und zu fördern. Wir wollen unseren Beitrag leisten, dass unsere Gesellschaft Wege findet, die Abtreibungszahlen durch Beratung und konkrete Hilfe deutlich zu senken. Wir helfen Eltern, zum ungeborenen Kind Ja zu sagen. Dazu ist das umfassende Beratungsangebot entsprechend dem Bayerischen Schwangerenberatungsgesetz eine wichtige Grundlage. In Not- und Konfliktsituationen ermutigen wir zum Kind und bieten Eltern konkrete Hilfen an. Auch nach der Geburt des Kindes begleiten und unterstützen wir Familien, insbesondere Alleinerziehende. Jedes Kind, auch ein ungeborenes Kind mit möglichen Behinderungen, hat ein Recht auf Leben. Wir stehen zum Schutz des Lebens auch in Grenzsituationen, unabhängig davon, ob der Mensch schwach, krank oder behindert ist. Im Mittelpunkt steht immer der Mensch in seiner personalen Würde. Jeder Mensch hat ein Recht auf Leben und Sterben in Würde. Wir unterstützen den Ausbau der Palliativmedizin, von Hospizen und anderen Formen der Sterbebegleitung. Zum würdevollen Sterben gehört die Beachtung des Willens des Sterbenden, gerade in Bezug auf lebensverlängernde Maßnahmen. Herbeiführen des Todes durch die sogenannte ‚Aktive Sterbehilfe' lehnen wir entschieden ab.

Der Schutz des Lebens hat für uns Vorrang gegenüber jedem Nützlichkeitsdenken. Jede Unterscheidung zwischen ‚lebenswertem' und angeblich ‚lebensunwertem' Leben ist für uns ein Verstoß gegen die Menschlichkeit und wird von uns mit allen politischen und rechtlichen Mitteln bekämpft."

Sagen, was Sache sein soll

Vom Grundsatz her geben die christlichen Werte „der CSU Orientierung für die politische Gestaltung und die Motivation zum Einsatz für die Schöpfung, für Gerechtigkeit, Frieden und Freiheit". An anderer Stelle – und dies ist deutlicher als bei der großen Schwester CDU – wird erneut auf das eigentliche und tragende Fundament hingewiesen: „Die CSU geht vom christlichen Menschenbild und von der christlichen Wertordnung aus. Dazu gehören die Selbstbeschränkung aus christlicher Verantwortung und das Wissen um die Begrenztheit und Unvollkommenheit des Menschen. Die CSU weiß, dass mit politischer Veränderung keine vollkommene Welt erreicht werden kann. Deshalb lehnt die CSU politische Ideologien ab, die sich als irdische Heilslehren ausgeben." Nicht andere Überzeugungen scheinen das eigene Profil zu bestimmen, sondern das eigene christliche Profil macht stark, anderen souverän zu begegnen. Abschwächendes wird vermieden, hingegen tolerantes Selbstbewusstsein dokumentiert: „Die CSU steht allen Menschen offen, deren politische Vorstellungen mit unserer Wertorientierung vereinbar sind."

Typisch CSU, mag mancher jetzt denken. Die sagen wenigstens, was Sache ist. Und das sei eben in Bayern einfacher als anderswo. Wirklich? Schließlich ist – das sei zur Erinnerung noch einmal gesagt – nicht nur Oberbayern Bayern. Der Freistaat ist groß, bunt und konfessionell keineswegs so eingefärbt, wie man sich das als Nord- oder Ostlicht vorzustellen gedenkt. Aber es ist schon auffällig, wie selbstverständlich die bayerische Union Klartext spricht. Beide Grundsatzprogramme stammen aus demselben Jahr. Doch bei der großen Schwester ist eine gewisse Ängstlichkeit zu vernehmen, nur ja niemandem vor den Kopf zu stoßen. Frei nach dem Motto: Die Christen haben wir sowieso. Jetzt müssen wir mal die anderen für uns gewinnen.

Aalglatter Wortmüll

Es ist eine niemals wirklich beschriebene und definierte Mitte, der Frau Merkel auch in diesen Fragen hinterhersegelt. Manche großen Medien machten nach dem Erscheinen des CDU-Grundsatzprogramms wenig freundliche Bemerkungen angesichts der nach allen Seiten offenen „Profilierung“ einer Partei, die unter Adenauer noch sehr und unter Kohl wenigstens noch andeutungsweise selbstverständlich für das C stand. Und die Illustrierte „stern“ bestätigte der Kanzlerin, „aalglatt in die Wahl 2009“ zu ziehen. Das Programm der Kanzlerinnenpartei mute jedem Leser eine Menge „Wortmüll zu, was die bekannte Erfahrung bestätigt, dass Grundsatzprogramme eher fürs Archiv taugen denn zur Lektüre“. Und was kritische Christen seit Längerem beobachten, sieht auch der „stern“: Die CDU entferne sich langsam von ihrem Familienbild und betreibe eine „vorsichtige Abkehr von der Ehe als allein gültiges Leitbild der Familienpolitik“. Immerhin ist CDU-General Ronald Pofalla auf das Ehe-Kapitel besonders stolz: „Es ist uns gelungen, unsere Werte und die veränderte Lebenswirklichkeit zusammenzubringen." In diesem Zusammenhang sei daran erinnert: Immer dann, wenn es kritische Nachfragen auf dem Weg zum neuen Grundsatzprogramm gab, wenn etwa konservative Christen wissen wollten, wo denn das wirklich Konservative in der Partei bleibe, immer dann umarmte der wortglatte Pofalla wortreich solche „wichtigen Debattenbeiträge", um sie der Erstickung anheimzugeben. Genau hier wird übrigens ein Grundproblem der CDU deutlich, das im „stern" so beschrieben wurde: „Der Mangel an streitiger Diskussion belegt vor allem eins: Mit Merkel legt sich keiner gerne an. Sie ist die Chefin. Es geht längs, wo sie hin will. Und sie will vor allem eine ruhig gestellte Partei."

Was für Merkel allein zähle, sei ihr Erfolg bei der Bundestagswahl 2009. Und „dafür braucht sie eine CDU, die sich wohl fühlt bei ihr, selbst wenn einzelne Positionen dem einen oder anderen Flügel missfallen. 2005 war sie als Radikal-Reformerin nicht hinreichend attraktiv. Das nächste Mal will und muss sie mindestens 40 Prozent erreichen, um die Macht zu verteidigen. Beim Blick auf ihre persönlichen Werte setzt sie dabei vor allem auf ihren Kanzlerinnen-Bonus. Bei einem so strukturierten Wahlkampfkonzept würden Ecken und Kanten im CDU-Grundsatzprogramm nur stören – und dem politischen Gegner Angriffsflächen eröffnen. Dazu passt ein ehrlicher Spruch aus der obersten Etage der CDU-Zentrale: ‚Merkel super – das reicht doch.'"

Mag sein, dass es reicht. Mag aber ebenso auch sein, dass die aalglatte Profillosigkeit irgendwann nicht mehr reicht. Denn man könnte sich mehr und mehr fragen, was denn bitteschön den Unterschied zu anderen Parteien ausmacht, wenn alle dasselbe wollen. Selbst das Credo zur Sozialen Marktwirtschaft, einst absolut unumstößlicher Kern der Partei Adenauers und Erhards, gilt in Merkels Union nicht mehr, seitdem die aus dem Osten gewendete Chefin einer möglichen Verstaatlichung einer Bank jeden Schleier des Unanständigen entrissen und das ehemalige Tabu zur Notlösung erklärt hat. Niemand steht so sehr für sich und seine anpassungsfähigen Grundüberzeugungen wie Merkel. Klare und unumstößliche Aussagen zum C und damit zum Urbestand ihrer ehemaligen Adenauer-Partei sind im Wählervolk nicht bekannt. Merkel als beste Ich-AG aller Zeiten ist eine Marke. Aber die Frage nach der Christlichkeit der Union ist damit nicht beantwortet. Wenn, dann nur zu einem Teil. Und dieser Teil heißt: Merkel! Mehr als ihre Vorgänger ist sie die Partei. Mit ihr steht die Partei. Mit ihr wird sie aber auch fallen. Sicher ist, dass sie eine ganz andere sein wird in der Nach-Merkel-Zeit. Und sie wird kräftig suchen müssen, tagesunabhängige Wurzeln zu finden, aus denen morgen Ideen für eine konservativ moderne Politik gestaltet werden kann.

Welche Leitvorstellungen werden künftig gelten? Was bedeutet die „besondere Unterstützung“, die man immer wieder für Ehe und Familie verspricht? Was meint, um eine Frage des CSU-Politikers Joachim Herrmann aufzugreifen, eigentlich christlich-abendländische Leitkultur, was sind ihre Werte und kulturellen Grundlagen? Wo ist das Fundament, ohne das man leicht den Boden unter den Füßen verliert? Und schließlich: Was heißt heute konservativ? Stimmt es, dass die Union letztlich eine konservative Kraft ist oder sein könnte, die aus ihren liberalen Wurzeln den Nährstoff für ein modernes und soziales Profil ziehen kann – oder könnte?

Offene Fragen

- ▷ Was sind kluge Formulierungen in Programmen wert?
- ▷ Wo spiegelt sich Grundsätzliches in konkreter Politik?
- ▷ Was heißt heute konservativ?

Denn sie wissen nicht, wer sie sind

Konservativ – was ist das eigentlich?

Die Frage taucht immer wieder auf, und sie scheint immer wieder nicht beantwortbar zu sein. Was ist konservativ? Was ist progressiv? Ist konservativ dasselbe wie reaktionär? Sind Konservative das Gegenteil von Progressiven? Einige junge Unionspolitiker haben gemerkt, dass hier ein Bewusstseinsvakuum entstanden ist, das durchaus Auswirkungen auf die Unionsparteien hat – und haben wird. Mit einem Positionspapier zu „Konservativ" meldeten sie sich zu Wort, ernteten Beifall und Kritik gleichermaßen. Was ihnen gelang, war der Hinweis, dass es hier etwas zu klären gilt.

Selbst das in Hamburg erscheinende Rotary Magazin als Zeitschrift aller deutschen Rotarier widmete sich im Januarheft 2009 schwerpunktmäßig dem „Konservatismus in der Krise" und untertitelte das Heft mit „Die verpassten Möglichkeiten einer politischen Ordnungsidee". Der Hörfunkdirektor des Mitteldeutschen Rundfunks, Johann Michael Möller, stellt dort bohrende Fragen und würde gerne wissen, wo denn der selbstverständliche Ort des Konservativen geblieben ist und an welche unbeschädigten Traditionen und Positionen er überhaupt anknüpfen kann. Schließlich habe sich der deutsche Konservatismus in seiner Geschichte „vielfach selbst zerstört" und sei inzwischen „so unkenntlich geworden, dass man seine politischen Überreste nahezu umstandslos dem wirtschaftsliberalen Zeitgeist der New Economy um die Jahrtausendwende zuschlagen konnte". In derselben Publikation mahnt der Richter am Bundesverfassungsgericht, Udo di Fabio, dass die Gesellschaft „eben nicht einfach als sozialtechnisch regulierter Apparat" funktioniere und wir wieder dahin kommen sollten, neu zu diskutieren, „welche Mindestvoraussetzungen erfüllt sein müssen, damit ein Leben mit aufrechtem Gang und der Chance auf Glück gelingen kann".

Was heißt heute konservativ? In einem Vortrag im Landtag in Erfurt ging auch der Mainzer Historiker Andreas Rödder dieser – wie sich zeigen sollte – brisanten Frage nach. Uneinheitlich ist das, was man mit konservativ verbindet. Bei einer konservativen Wertanlage meint man letztlich eine vorsichtige Wertanlage. Wird jemand strukturkonservativ genannt, klingt das geradezu böse. Die Bezeichnung als Wertkonservativer hingegen deutet eine gewisse Weltoffenheit an. Aber wenn von „den" Konservativen in der Union gesprochen wird, dann ist das fast schon ein Schimpfwort. Rückwärtsgewandt, traditionalistisch, starr – so etwas und Ähnliches schwingt dann automatisch mit. Was einst die politischen Gegner unter sich als Reiz gegen „konservativ" auslösten, lösen sie inzwischen auch unter denjenigen aus, die sich selbst einmal selbstbewusst als Konservative bezeichneten. Sie haben sich den positiven Klang des Begriffes wie auch seinen Inhalt nehmen lassen. Heute scheint es so, als sei der Konservative der Reaktionäre. Merkwürdig. Denn einst verband sich „bürgerlich-liberales und konservatives Gedankengut mit dem Gedankengut der christlichen Gesellschaftslehre", so Rödder. Und das war alles andere als reaktionär.

Konrad Adenauer und Ludwig Erhard standen für ein weltoffenes liberal-konservatives Profil. Konservativ – das bedeutete eigentlich, mit stabilem Fundament keineswegs von gestern zu sein, sondern selbstbewusst orientiert im Heute handeln zu können. Man wusste als Konservativer nicht nur, was geht und was nicht geht, sondern was richtig und was falsch ist. Andreas Rödder hat die Beobachtung gemacht, dass in der Gesellschaft und auch außerhalb ihrer Großgruppen ein „allgemein verbindliches Gefühl abhandengekommen" ist für das, „was falsch, und das, was richtig ist". Bis hinein ins höchste und wichtigste deutsche Parlament. Die Bundestagsabgeordnete, die der Professor traf, zeigte ihm gegenüber keine Spur von Ironie, Bedauern oder Selbstkritik, als sie meinte, in der Politik gehe es doch darum, vor den eigenen Leuten gut dazustehen. Als der Gelehrte ihr dann sagte, das bedeute als Richtschnur des Handelns aber etwas anderes, als sich für das als richtig Erkannte einzusetzen, wurde nur blankes Unverständnis erkennbar.

Das Fazit des wissenschaftlichen Zeitzeugen aus Mainz ist wenig schmeichelhaft: Konservatives Denken stecke in Deutschland in der Krise. Ein „verselbstständigter Sozialstaat und ein zunehmender staatlicher Dirigismus schränken die Bürgerfreiheit ein, weil dem Bürger die Freiheit nicht mehr zugetraut wird". Statt eines common sense über das, was richtig und was falsch sei, gebe es eine „zunehmend repressive neue Toleranz", die „nur sich selbst kennt". Und weil es diese gemeinsamen Er-Kenntnisse über richtig und falsch nicht mehr gebe, regiere die Zahl, „ein Denken in Quantitäten, Zahlenvorgaben und vorgegebenen Modellen ohne pragmatische Rückkopplung an Erfahrungswerte und an die ebenso banale wie elementare Frage: Ist das eigentlich gut und richtig?"

Konservativ – und deshalb tolerant

Weil der Konservative eigentlich die tragfähige und stabile Mitte seines mit wertvollen Koordinaten versehenen Denkens kennt, ist ihm Toleranz leicht möglich. Toleranz aber hat vom Wortstamm her etwas mit tragen und ertragen zu tun, wenngleich es heute als entleerte Toleranz gerne verwechselt wird mit alles für gleich gültig zu halten. Wenn aber alles gleich gültig ist, wird auch alles irgendwann gleichgültig. Der wirklich Tolerante erträgt auch das Falsche, wird sich aber nicht scheuen, das aus seiner Sicht Falsche auch als falsch zu bezeichnen. Konservativ denkende Menschen argumentieren nicht aus dem unverbindlichen Nichts heraus, sondern wissen, worauf oder – um das C noch einmal ins Spiel zu bringen – auf wen sie sich berufen können. Konservative sind tolerant, überzeugt, besonnen und kämpferisch. Konservative sind auch pragmatisch, was richtig verstanden auch konsequent bedeutet. Andreas Rödder sagt das so: „Richtlinie konservativer Politik ist nämlich nicht, ein theoretisch vorgegebenes Modell durchzusetzen, sondern Bedingungen für gelingendes Leben zu schaffen, dessen konkrete Ausgestaltung in der Hand des Einzelnen liegt.“ Denn konservatives Denken gehe vom Einzelnen aus, von der Freiheit und Verantwortung der Bürger. Ein besonnener und fundierter Konservativismus – Menschen mit einer fundierten Toleranz und der daraus erwachsenden Vision von Freiheit und Verantwortung – wird gerade heute gebraucht. Konservative Persönlichkeiten wären so dringend notwendig.

Es ist jammerschade, dass in der Union allzu viele Menschen sich haben einschüchtern lassen von denen, die konservatives Denken diskreditieren wollten und sich offenbar fürchten vor jenen, die im konservativen

Denken und Handeln das belastbar Progressive zu transportieren verstehen. Es ist an der Zeit, dass sich die Union von diesem eingeredeten und aufgepfropften Komplex befreit, der wesentlich dazu beiträgt, aus ihr ein relativ austauschbares Gebilde zu machen. Sollte es dazu kommen, dann wäre die Taktik der politischen Gegner zur größten Schwächung an der empfindlichsten Stelle aufgegangen.

Solange die Union nicht wirklich weiß, wer sie tatsächlich ist oder sein könnte, ist sie bei aller scheinbaren Aktivität und bei allem bunten Aktivismus doch im Kern letztlich gelähmt. Diese Lähmung zunächst einmal zu erkennen, um sie dann souverän zu behandeln und eine neue Strahlkraft als konservativ-liberale-progressive Partei des modernen Deutschland zu entwickeln – das wäre jetzt eine Aufgabe, der sich die Parteivorsitzenden stellen sollten. Die Definition dessen, was konservativ ist, dürfen sie nicht länger anderen überlassen. Schon gar nicht denen, denen mit der Amputation des konservativen Denkens ein wahrer Dienst erwiesen würde.

Offene Fragen

- ▷ Was ist konservativ?
- ▷ Wann befreit sich die Union von einem ihr übergestülpten Komplex?
- ▷ Wo sind die konservativen Profilköpfe von heute für morgen?

Exklusivität für alle!

Das C und das Lebensrecht

Wie mental verwirrt dürfen eigentlich manche führende Persönlichkeiten in der Union sein? Oder anders gefragt: Kann es sein, dass nicht immer alle C-Koordinaten erkannt werden? Es gibt wohl kein anderes Thema, bei dem sich aus christlicher Logik nichts als ein hundertprozentiges Ja anbietet wie beim Lebensschutz. Ein klares Ja zum Leben. Vor allem die katholische Kirche lässt keinen Zweifel daran, dass jeder Mensch das volle Recht auf Leben hat. So wird es vielfach wahrgenommen. Und sie lässt – klarer als andere – keinen Zweifel daran, dass dieser Grundsatz von Anfang bis Ende gilt. Nicht wir Menschen sind die Schöpfer unserer selbst, sondern der Schöpfer allein ist Herr über Leben und Tod. Übrigens: So konsequent wie die katholische Kirche ist auch das Grundgesetz der Bundesrepublik Deutschland. Theoretisch zumindest. Dort heißt es im Artikel 1: Die Würde des Menschen ist unantastbar. Und dort steht keine einzige Einschränkung. Dort ist kein Mensch ausgeschlossen mit seiner unantastbaren Würde. Darauf kann nicht oft genug hingewiesen werden. Denn was das konkret bedeutet, weiß man auch in der Union nicht mehr wirklich. Wenigstens nicht dann, wenn es darauf ankommt. Es gibt eben viel mentale Verwirrung.

Vieles davon kannte man schon, als eine Familien- und Gesundheitsministerin namens Süßmuth in den

Neunzigerjahren den Eindruck zu vermitteln schien, als seien bei Lebensrechtsfragen Kompromisse denkbar. Seither meinen immer noch viele Menschen in unserem Lande, es gebe ein Abtreibungsrecht, also ein Recht auf Abtreibung. Gibt es aber nicht, weil es kein Recht auf Tötung von (noch nicht geborenen) Menschen gibt. Aber gibt es denn ein Recht auf Forschung zu jedem Preis? Auch um den Preis des Lebens? Genau das ist die neue Frage, die so viel Verwirrung mit sich bringt.

Viele machen in diesem Zusammenhang eine Art Mentalverwirrung oder eine gewisse Heimatlosigkeit aus und verweisen auf die stellvertretende CDU-Vorsitzende und Bundesbildungsministerin, die als Forschungsministerin im Kabinett sitzt und den direkten Zugang zur Parteichefin wie Kanzlerin genießt. Annette Schavan ist katholisch, hat sogar katholische Theologie studiert, war Geschäftsführerin des katholischen Bischöflichen Cusanuswerkes und später Vorsitzende dieser Begabtenförderung. Sie war Mitglied im Zentralkomitee der deutschen Katholiken, wurde zur stellvertretenden Präsidentin dieses Gremiums gewählt. Vor ihrem Karrieresprung nach Berlin war sie in Baden-Württemberg Kultusministerin. Sie kann klug reden und vermittelt stets den Eindruck einer gereiften Nachdenklichkeit. Charmant, wendig und stets besonnen – so wird diese unverheiratete katholische Politikerin von Beobachtern beschrieben. Selbst für höchste Staatsämter schien sie geeignet zu sein. Vor einigen Jahren wurde sie als mögliche Kandidatin für das Amt des Bundespräsidenten gehandelt.

Aber sie hat auch viele verärgert und schwer enttäuscht. Vor allem Menschen mit einem christlich geprägten Gewissen. Auch wenn sie, wie ich einmal formulierte, ein Einzelfall ist und sicher nicht generell für die CDU steht, so ist sie doch vielleicht ein Indiz dafür, dass viele in dieser Partei selbst zu Mitläufern einer (un-)heimlichen Diktatur des Relativismus geworden sind. Gerade wegen der so bekannten katholischen Prägung und ihrer theologischen Bildung geriet die prominente CDU-Politikerin im Zusammenhang mit der sogenannten Stammzellendebatte ins Blickfeld derer, die von der Partei mit dem C mehr erwarten als eine verbindliche Orientierungslosigkeit in Grundsatzfragen. Nicht zuletzt deshalb, weil die christlich sozialisierte Laientheologin vor einer wichtigen Entscheidung auf dem CDU-Bundesparteitag immer wieder die Hoffnung nährte, dass man sich nicht für die Freigabe der embryonalen Stammzellenforschung einsetzen würde.

Es kam anders. Alle, die sich diesbezüglich auf Annette Schavan verlassen hatten, fühlten sich am späten Abend des Parteitages selbst verlassen und sahen sich getäuscht. Selbst Freunde aus dem Kreis um einen Prälaten der katholischen Kirche waren verwundert. Und zum Teil auch verwunde(r)t. Nicht zuletzt deshalb, weil die C-Politikerin ebenso charmant wie falsch als Bundesforschungsministerin für eine erneute Stichtagsregelung plädierte. Das Fatale: Sie erweckte den Eindruck, hier mit einer gewissen theologischen Kompetenz zu sprechen. Doch diese Kompetenz hatte sie nicht, weil sie nach katholischer Vorstellung zur lernenden, nicht aber zur lehrenden Theologie gehört. Das Lehramt der Kirche hingegen, das die Bischöfe innehaben, betont in bemerkenswerter Konsequenz, dass es beim Lebensrecht keine Kompromisse geben kann und dieses Lebensrecht unteilbar ist und gilt – von Anfang bis Ende. Es gibt aus christlicher Sicht nur ein hundertprozentiges Ja zum Lebensrecht und der Unantastbarkeit der Menschenwürde. Selbst bei noch so interessanten Heilungshoffnungen und bei noch so reizvollen Forschungsaussichten ist das Töten eines bereits vorhandenen, noch so kleinen wachsenden und mit allen entsprechenden Informationen ausgestatteten menschlichen Lebens nicht erlaubt. Du sollst nicht töten – das gilt für Christen immer.

Verrat des C mit dem C?

Manche sehen das so. Die Kritik mag im Wahljahr etwas verstummt sein, aber sie bleibt vorhanden. Denn noch so interessante Hoffnungen rechtfertigen keine Tötung – auch nicht und erst recht nicht auf Verdacht hin. Bis heute gibt es nichts weiter als Hoffnungen, die freilich der Forschungsindustrie gefallen. Da winken Forschungsgelder. Und man kann möglicherweise mit diesen Hoffnungen viel Geld bei den Kunden und möglichen Patienten verdienen. Belastbare Ergebnisse gibt es nämlich keine. In Worten: keine. Die Freigabe der Stammzellforschung, für die zuvor Embryonen getötet wurden, lässt sich aus christlicher Sicht eben nicht rechtfertigen.

Ergebnisse, und zwar nicht zu knapp, gibt es aber bei der Nutzung der adulten Stammzellen. Diese erwachsenen Stammzellen werden gewonnen, ohne dass dafür ein Menschenleben vernichtet werden muss. Ich empfehle einen informierenden Blick auf die Internetseite www.deine-stammzellen-heilen.de. Hier wird unter anderem von Experten berichtet, dass es inzwischen zahlreiche klinische Studien gibt, die uns zeigen, wie sehr die Forschung mit adulten Stammzellen Hoffnungen auf Heilung nicht nur berechtigt, sondern sogar vielfach schon erfüllt hat. Wer also – ob als Forschungsministerin oder als sonstiger Befürworter der embryonalen Stammzellnutzung – mit den Heilungshoffnungen jongliert und den Eindruck christlicher Zustimmung zulässt, muss sich die Frage gefallen lassen, ob hier nicht mit dem C das C verraten wird.

Nicht nur von der Deutschen Bischofskonferenz wurden besorgt „die vielfältigen Tendenzen" zur Kenntnis genommen, „die Forschung mit embryonalen Stammzelllinien auszuweiten, deren Gewinnung die Tötung menschlicher Embryonen voraussetzt". In der weiteren „Aufweichung des Embryonenschutzes, zum Beispiel durch eine Verschiebung der geltenden Stichtagsregelung", sieht man eine bedenkliche Entwicklung. Mit dem C und dem unbedingten Schutz menschlichen Lebens können viele Christen diese politische Entscheidung jedenfalls nicht vereinbaren. Denn mit der gerne betonten Liberalität, die von den Stichtagsbefürwortern ins Feld geführt worden ist, hat dies alles nichts zu tun. Im Gegenteil. Der Freiheitsbegriff wird nicht nur im Blick auf die Forschung pervertiert, wenn die Freiheit im konkreten Fall von der Verantwortung entkoppelt wird. Der lateinische Begriff „liber" bindet die Freiheit an Verantwortung, Vernunft und Recht. Und „getötete Embryonen für vage Aussichten der Krankheitsbehandlung vor allem älterer Menschen einzusetzen, ist eines Freien nicht würdig, grenzt an Kannibalismus", formuliert ein Freier Demokrat richtig. Man möchte ergänzen: Seit wann gibt es eine „Ethik des Tötens" als Grundlage für eine „Ethik des Heilens"? Oder sind Christen (in der Politik) jetzt auch schon dem irdischen Unendlichkeitswahn verfallen, der irgendwie den Gedanken zu erlauben scheint, dass man zur Steigerung irdischer Lebens- und Gesundheitsqualität anderes menschliches Leben töten und nutzen kann?

Nur die Freiheit zum Leben

Man kann es nicht häufig genug wiederholen und es wird nicht falsch, wenn bestimmte Kreise konsequent weghören und wegsehen: Wir dürfen nicht alles, was machbar ist. Jeder wirklich aufgeklärte Mensch weiß das. Freiheit zeigt sich erst wirklich und belastbar in der Verbindung mit Verantwortung. Und diese verlangt den unbedingten Respekt vor der unantastbaren Würde des Menschen, auch des noch nicht geborenen. Aus der Verbindung von menschlicher Ei- und Samenzelle hat sich noch nie etwas anderes entwickelt als – ein Mensch! Alle Dispositionen und Informationen sind dann bereits vorhanden. Es ist also menschliches Leben von Anfang an. Wer seine Tötung billigend in Kauf nimmt, verrät die Freiheit – auch die Freiheit der Forschung. Wer seine Verantwortung für das Leben ignoriert, zerstört die Freiheit des Lebens. Gerade Christen sollten sich – ob im politischen Alltag verankert oder an anderer Stelle – in der Konsequenz für das Leben und gegen den Tod von niemandem übertreffen lassen. Ich habe es bereits an anderer Stelle so drastisch formuliert: Wer die Tötung embryonalen Lebens zulässt, verneigt sich tief vor der tödlichen Diktatur des Relativismus. Doch dazu gibt es keinen Grund. Wer Leben sichern will, widersteht jeder tödlichen Versuchung. Manche tun das. Zum Beispiel die rheinland-pfälzische CDU-Frau und Bundestagsabgeordnete Julia Klöckner. Auch das gehört zur Union. Und sie ist nicht die Einzige. Bei der Beantwortung der Frage nach der Christlichkeit der Union muss dieser Mut zur Klarheit fair berücksichtigt werden. Klöckner spricht da Klartext: „Es wird viel von der Menschenwürde und ihrer Unantastbarkeit gesprochen. Menschenwürde gibt es nicht geteilt, sie muss man sich nicht verdienen und sie wird auch nicht erst im Laufe der Zeit gewonnen. Sie ist da. Auch beim Embryo, von Anfang an. Leben zu schützen gilt nicht nur am Ende, sondern auch zu Beginn. Das aber missachtet die embryonale Stammzellforschung."

Es geht hier wieder einmal um die Kernfrage des C. Denn es geht um das Leben, das Lebensrecht und die Unantastbarkeit des Lebens. Es bleibt richtig und wichtig zu erkennen: Das C gehört niemandem. Es ist weder Eigentum der Politik noch Eigentum der Kirchen. Aber es verpflichtet. Beide. Es ist keine Leerformel, sondern im wahrsten Sinne des Wortes eine prall gefüllte Lehrformel. Es ist kein Buchstabe ohne Inhalt, sondern ein Buchstabe mit einer ziemlich konsequenten und fordernden Lebensformel. Wer aber zulässt oder daran mitwirkt, dass diese Lebensformel entleert wird – handelt der im Sinne des C?

Und was sagt das Grundgesetz? Der Artikel 1 verbietet allen, und damit auch dem Gesetzgeber, nicht nur Antastungen der Menschenwürde. Dem Gesetzgeber legt er sogar eine aktive Pflicht auf. Dieser grundlegende erste Artikel der Verfassung verlangt etwas Konkretes und Aktives vom Gesetzgeber, näherhin vom Staat: Er verpflichtet ihn auch zur „Achtung" der Würde des Menschen. „Sie zu achten und zu schützen ist Verpflichtung aller staatlichen Gewalt", heißt es im zweiten Satz des Artikels 1, Absatz 1, unserer Verfassung. Die unbedingte Achtung der Menschenwürde ist also kein christliches Sondergut. Und: „achten" ist wesentlich mehr als „nicht antasten". Die gesamte Rechtsordnung und damit auch das Stammzellgesetz muss beziehungsweise müsste Ausdruck der Achtung der Würde des Menschen sein. Ich bleibe dabei: Es reicht daher nicht aus, dass der Gesetzgeber keine Anreize zur Herstellung und Vernichtung menschlicher Embryonen schafft. Das allein ist noch kein aktiver Schutz.

Wenn das aber so ist, dann stellt sich schon die Frage, warum die Parteien mit dem C das C noch führen. Vielleicht wegen der in diesem Buchstaben transportierten Glaubwürdigkeit? Vielleicht wegen der in ihm enthaltenen Parteientradition? Oder weil Christen angesprochen werden sollen? Weil es sich einfach gut macht, ein C mitzuführen? Weil es den Hauch des Besonderen, den Hauch des „Etwas mehr als andere" mit sich bringt? Selbst der Berliner „Tagesspiegel" meinte während dieser Stammzelldebatte, man „sollte der CDU das ‚C' für Christlich aberkennen" und ihr die „Behauptung verbieten, sie mache Politik auf der Grundlage des christlichen Menschenbildes". Denn diese Partei habe bei der wichtigsten Gelegenheit, bei der Abstimmung über das Grundsatzprogramm einer Stammzellregelung zugestimmt, „die der Ausverkauf ihrer ethischen Grundsätze" sei.

Ich habe es schon häufiger so formuliert: Die CDU ist in wesentlichen Fragen dem süßen Gift der Diktatur des Relativismus verfallen. Wenn alles relativ ist, gilt nichts mehr wirklich. Deshalb sind Fragen des Lebensrechtes keine Randfragen, sondern führen in den Kern der Überzeugung – oder höhlen diesen Kern auf gefährliche Weise aus. Es ist nur zu verständlich, wenn viele Menschen und vor allem viele von denen, die eine Wahlberechtigung haben, befürchten, das C könne mehr und mehr zu einer hohlen Chiffre werden, also von einer Lehrformel zu einer Leerformel mutieren, während bei anderen Parteien der Inhalt längst zum wenig betonten, aber doch erkennbaren Profil gehört.

Nicht zuletzt wegen dieser vielfach enttäuschenden Erfahrung mit vor allem der CDU wachsen Überlegungen und Sehnsüchte nach neuen christlichen Parteien, frei nach dem Motto: Die christliche Avantgarde wird sich in einer ganz neuen politischen Kraft in nicht allzu ferner Zukunft Heimat suchen müssen – und finden. Denn in der Partei, die einst von Konrad Adenauer und anderen politischen Köpfen mit christlicher Verantwortung aufgebaut und geprägt wurde, finden viele überzeugte Christen und konservativ-liberale Aufgeklärte vielfach keine geistige Heimat mehr. Und dabei geht es schon lange nicht mehr um die Kirchgänger, mit deren Stimmen allein man beileibe keine Mehrheiten in Deutschland bekommen kann. Aber es gibt ja auch jenseits der treuen Kirchgänger Menschen, die noch wissen, wie viel Dynamik und Zukunftskraft in dem „C“ stecken, das zu kostbar ist, um als Etikett missbraucht zu werden.

Noch einmal: Was mit dem hohen C verbunden ist, kann keine Partei für sich bestimmen. Nicht einmal eine Kirche kann definieren, was christlich ist und was nicht. Das ist – wie gesagt – vorgegeben. Christen nennen es Offenbarung. Das „C“ ist Qualitätsanspruch, aber keinesfalls eine der Beliebigkeit überlassene Knetmasse zur Bedienung opportunistischer Überlegungen.

Man kann jetzt zu Recht den Einwand bringen, dass es ja auch die CDL gibt, also die Christdemokraten für das Leben. Richtig. Sie ist eine eigene parteiliche Gruppierung, der man auf der Homepage der CDU begegnet. Und dort findet man tatsächlich viele gute und richtige Hinweise, was die Unantastbarkeit der menschlichen Würde betrifft. Dort wird unmissverständlich das ungeteilte Lebensrecht jedes Menschen reklamiert. Dort erfährt man viel über das C und seine Verpflichtung für die wohl verstandene Freiheit des Menschen. Gut so.

Wer aber ein wenig tiefer gräbt, wird erfahren, welchen Stellenwert diese zentrale Überzeugung innerhalb der Unionsführung wirklich hat. Nämlich einen vergleichbaren neben vielen anderen. Also nichts Besonderes oder Grundlegendes. Denn die CDL (Christdemokraten für das Leben) wurde nur „zugelassen“ als parteiliche Vereinigung bei gleichzeitiger Zulassung der Lesben- und Schwulengruppierung. Gut, dass diese auch ihren Platz in der Union haben. Aber ist das eine mit dem anderen vergleichbar? Hat eine sexuelle Neigung denselben Stellenwert wie grundsätzliche Lebensrechtsfragen? Stehen Christdemokraten für das Leben inhaltlich auf demselben Platz wie die Lesben- und Schwulen-Union? Es wäre nicht ganz fair, ernsthaft so zu fragen. Aber es wird von manchen doch als etwas seltsam und vielleicht sogar symptomatisch betrachtet, dass es zumindest diese zeitliche Nähe gab. Muss man einen entsprechenden Nachgeschmack jemandem übel nehmen?

Offene Fragen

- ▷ Wie wichtig ist der Union der Lebensschutz?
- ▷ Wie ernst nimmt man die Unantastbarkeit der Menschenwürde?
- ▷ Welche Rolle spielt die Verantwortung vor Gott?

Wir sind mehr wert

Das C und der Mensch

Reden wir über Menschenwürde. Sie ist nicht nur der Dreh- und Angelpunkt des deutschen Grundgesetzes, sie ist auch der Kern des christlichen Menschenbildes. Und das ist mehr als ein christliches Bild vom Menschen. Schauen wir einmal zurück in die Geschichte der CDU, wo ja das christliche Menschenbild immer wieder eine Rolle spielte. Was man dort unter dem christlichen Menschenbild verstand, kann man nachlesen. Zum Beispiel im Grundsatzprogramm von 1978. Dort heißt es:

„Die Politik der CDU beruht auf dem christlichen Verständnis vom Menschen und seiner Verantwortung vor Gott." Und weiter: „Der Mensch ist zur freien Entfaltung im Zusammenleben mit anderen geschaffen. Seine Freiheit beruht auf einer Wirklichkeit, welche die menschliche Welt überschreitet. Der Mensch verdankt sich weder sich selbst noch der Gesellschaft. Er ist nicht das letzte Maß aller Dinge. Seinem Bedürfnis, sich und der Welt einen Sinn zu geben, kann er aus eigener Kraft nicht gerecht werden. Der Mensch ist zur sittlichen Entscheidung befähigt. Er steht in der Verantwortung vor seinem Gewissen und damit nach christlichem Verständnis vor Gott. In verantworteter Freiheit sein Leben und die Welt zu gestalten, ist Gabe und Aufgabe für den Menschen." Was dieses Verständnis vom Menschen konkret bedeutet und wie sehr es „verpflichtende Grundlage für unser politisches Handeln" ist, wird ebenfalls gesagt: „Würde und Leben des Menschen – auch des ungeborenen – sind unantastbar."

Klarheit statt Verschwommenheit fordern manche C-Politiker auch heute noch. Stephan Eisel, einst vertrauter Mitarbeiter von Helmut Kohl und jetzt Mitglied des Deutschen Bundestages, lässt kaum eine Gelegenheit aus, die Konsequenzen zu beschreiben, die sich aus dem christlichen Menschenbild für alle ergeben, die sich diesem Menschenbild verpflichtet wissen. Denn eigentlich hängen alle politischen Fragen damit zusammen, vor allem aber alle, die etwas mit der Unantastbarkeit der Menschenwürde zu tun haben. Eisel nennt da zum Beispiel den Embryonenschutz in der Forschung, das Nein zu Abtreibungen, Sterbebegleitung und Sterbehilfe. An der Haltung der Union zu diesen Fragen entscheide sich in besonderer Weise ihre Glaubwürdigkeit: „Lebensschutz ist das Fundament des Schutzes der Menschenwürde." Wann menschliches Leben beginnt, werde ebenso diskutiert wie die Frage, wann es denn endet. Wer sich aber auf das christliche Menschenbild berufe, der „muss hier im Zweifelsfall für die restriktive Interpretation eintreten", denn nur so sei der Schutz der Menschenwürde zweifelsfrei sicherzustellen. Die Union müsse deshalb „sowohl in ihrer Ablehnung embryonaler Stammzellenforschung wie auch lebensverkürzender Sterbehilfe glasklar sein". Ist sie aber nicht!

Christdemokraten wissen mehr

Glasklar und prägnant ist hingegen der Inhalt einer Schrift, die von der CDU-nahen Konrad-Adenauer-

Stiftung unter der Überschrift „Im Zentrum: Menschenwürde" im Jahr 2006 herausgegeben wurde. Das Heft hat zwar nur 34 Seiten Umfang, dürfte aber nicht von allen Unionsmitgliedern gelesen und vielleicht auch nicht von allen verstanden worden sein. Schade eigentlich, denn hier steht, worauf es ankommt – und worauf nicht. Charakteristisch für das christliche Menschenbild ist zum Beispiel im Unterschied zu anderen Menschenbildern, dass der Mensch von vorneherein in einem Horizont wahrgenommen wird, „der zwar das erfasst und umfasst, was am Dasein des Menschen empirisch wahrzunehmen ist, darauf aber nicht begrenzt und beschränkt ist, sondern es auch transzendiert". Will sagen: Der Mensch ist wesentlich mehr als das, was man sieht und erfährt. Er ist auch mehr als die Summe seiner Leistungen. Wichtig ist nicht die Vermutung, aus dem christlichen Menschenbild ließen sich bestimmte Erkenntnisse über Gott und das Leben nach dem Tod ableiten, sondern „vor allem die Tatsache, dass der Mensch – und zwar jeder Mensch – in einem denkbar weiten Horizont, in seinem Woher, Wohin und Wozu, und darum umfassend wahrgenommen wird". Er wird „unreduziert" wahrgenommen, von seinem allerersten Anfang bis zu seinem Ende mit einer allen gegebenen gleichwertigen Würde. Unabhängig von seiner Gesundheit, seiner Krankheit, seinem Erfolg oder seinem Unglück, seinem Scheitern und seinem Reichtum, seiner Armut und seinem Können. Einfach als Mensch. Weil er Geschöpf ist. Weil er – ob er das nun weiß oder nicht wissen will – vom Schöpfer berufen ist. Weil er Mensch ist.

Christoph Böhr, der innerhalb der CDU wichtige Ämter innehatte und sich Anfang 2009 ernüchtert und enttäuscht aus der aktiven Politik zurückzog, weist gerne darauf hin, wie entscheidend es gerade in der Politik ist zu fragen, was am Ende wirklich wichtig ist und wichtig bleibt. Das ist vor allem dann nicht belanglos, wenn man – was oft genug vorkommt – zu entscheiden hat ohne ausreichende Sicherheit, wirklich alle Fakten und Auswirkungen zu kennen oder kennen zu können. Woran richtet man sich dann als Politiker aus? Woran soll man sich ausrichten? Was kann beständig sein – heute und erst recht morgen? Welche Kriterien geben eine belastbare Hilfestellung? Woran orientiert sich derjenige, der als Mitglied einer Partei an verantwortlicher Stelle stellvertretend für viele andere Entscheidungen treffen muss?

Karol Wojtyla, der spätere Johannes Paul II., hat in seiner Lehre vom Menschen eine interessante Verknüpfung hergestellt, auf die sich Christoph Böhr beruft. Die Königsherrschaft Gottes bringe die Königswürde des Menschen, also seines ebenbildlichen Geschöpfes, mit sich. Das sei, so Böhr, der Kerngedanke der christlichen Demokratie. Und „dieser Kerngedanke ist für christliche Demokraten zugleich der letzte und wichtigste Maßstab jeder politischen Entscheidung“. Alles müsse am Ende darauf abgeklopft werden, ob diese oder jene Entscheidung der unantastbaren Königswürde des Menschen gerecht werde. Das christliche Menschenbild erfordere nur eines: „die Achtung vor der Königswürde des Menschen – ausnahmslos eines jeden Menschen“. Nicht eine Klasse oder Rasse oder die Zugehörigkeit zu einer bestimmten Glaubensgemeinschaft sei entscheidend. Entscheidend ist das Menschsein. Punkt.

Universaler Charakter

Das christliche Menschenbild hat also universalen Charakter und ist eine Anerkennung des Unbedingten. Es gilt für jeden Menschen. Immer. Ungekürzt. So wie der Artikel 1 des Grundgesetzes nicht teilbar, handelbar oder abstufbar ist. Aus eben jenem Grund! Denn dieser Nagel, an dem die ganze Verfassung hängt, beschreibt „keine Erfahrungstatsache", sondern ist ein fordernder Satz, der sich aus den Erfahrungen mit defizitären und menschenverachtenden Menschenbildern herausgeschält hat in das Bewusstsein derer, die 1949 dieses Grundgesetz formuliert haben. Und dieser „fordernde Sinn des Satzes", so Böhr, ergibt sich „ausschließlich aus der ihm vorausgehenden und ihn beseelenden Anerkennung des Unbedingten".

Schöne Theorie, könnte man sagen. Die Wirklichkeit in den Parteien sieht anders aus. Leider. Dort dominiert nicht die Frage nach dem, was richtig und gut ist, sondern zunehmend nach dem, was machbar und durchzusetzen ist. Mehrheiten werden nicht selten von Stimmungen geprägt. Was kommt an? Wie werde ich beliebt? Wie muss ich mich wann wo verhalten, um Mehrheiten zu bekommen? Das ist die Crux der Demokratie. Aber zu dieser Crux gibt es keine Alternative. Mehrheiten sind nicht automatisch Wahrheiten. Muss man es einer Unionspartei verübeln, wenn ihre Akteure im Spiel der Macht und des Machterhaltes so mitspielen wie alle anderen auch? Kann man wirklich enttäuscht sein, wenn das christliche Menschenbild in den Köpfen verdunstet und schließlich zu einem nicht ganz so verbindlichen christlichen Bild vom Menschen mutiert? Und: Kann man es den heute Verantwortlichen verdenken, dass sie – anders als ihre großen Vorbilder in der Parteiengeschichte – keine klaren Vorstellungen von der Gesellschaft mehr haben, also kein Gesellschaftsbild? Das häufige Zitieren von wichtigen Grundwerten war es nicht, was die Union so erfolgreich werden ließ nach dem Krieg. Erfolgreich wurde sie, weil sie verständlich eine Vision von der neuen deutschen Gesellschaft zu präsentieren verstand. Es war die Soziale Marktwirtschaft, mit der sie berechtigte Hoffnungen wecken konnte und mit der sie in Übereinstimmung mit sich selbst verdeutlichen konnte, was Gerechtigkeit und Wohlstand sein können. Dahinter steckte eine damals noch als selbstverständlich empfundene Überzeugung vom Menschen, wie sie das christliche Menschenbild transportiert.

Nun könnte man ja meinen, diese Zeiten seien vorbei, weil ja auch das Christliche nicht mehr das Selbstverständliche zu sein scheint. Offenbar gibt es noch immer und immer mehr Menschen, die das christliche Menschenbild für einen Exklusivbesitz der Christen oder gar der Kirchen halten. Weit gefehlt! Denn: Es gibt nichts Besseres und Weiteres. Christoph Böhr ist zuzustimmen: „Man muss kein Christ sein, um dieses Menschenbild und den Artikel 1 unserer Verfassung ohne jeden Restvorbehalt zu unterschreiben. Kein anderes Menschenbild auf der ganzen Welt bietet jedem Einzelnen einen so umfassenden Schutz wie jenes Bild vom Menschen, das in der Unantastbarkeit der Würde seinen Mittelpunkt findet.“ Es gibt nichts Vergleichbares wie diese aus dem Christlichen kommende Erkenntnis, die allen Menschen ohne Ausnahme zugutekommen soll. Christen und erst recht Christen in einer Partei, die das C im Namen führt, haben also einen Schatz, den sie schnellstens ausgraben sollten. Und sie müssten besser als andere mit ihren Schätzen wuchern können, so wie sie besser als andere wissen müssten, dass ohne das christliche Menschenbild letztlich jeder säkulare Staat verkümmert. Fortschritt und Humanität sind nur mit und durch diese unübertroffene Sicht des Menschen möglich. Auch und gerade dann, wenn die Konsequenzen im konkreten Entscheidungsfall etwas schwerer und möglicherweise wenig populär erscheinen.

Quellcode unserer Werteordnung

Das hat übrigens etwas mit wirklichem Realismus zu tun. Annette Schavan hat das einmal auf der Suche nach dem Proprium der christlichen Demokraten so genannt: „Wir verstehen Politik nicht als Suche nach Wegen hin zum neuen Menschen, sondern gehen von einem christlichen Realismus aus, der als Alternative zum immer wieder präsenten, unheilvollen Traum vom optimierten Menschen agiert." Und sie zitiert in diesem Zusammenhang Thomas Nipperdey: „Die Christen glauben nicht an die Utopie eines irdischen Paradieses, das Staat oder Gesellschaft oder Politik produzieren kann. Sie sind von der Endlichkeit, der Fehlbarkeit, der Sündhaftigkeit des Menschen überzeugt."

Warum ist das alles so zu betonen? Weil all das mehr ist als nur irgendeine Definition. Weil die Würde des Menschen so etwas ist wie ein Quellcode unserer Werteordnung, wie es der Bundesverfassungsrichter Udo di Fabio nennt. Weil das Menschenbild der Freiheit durch nichts zu übertreffen ist. Weil dieses freiheitlichste aller Menschenbilder einen christlichen Ursprung hat. Weil Christen, erst recht solche, die sich in die Politik begeben, wissen müssten, dass sie einen unübertrefflichen Schatz kennen und nutzen können. Weil das C nun wirklich viel mehr sein muss als ein schöner Buchstabe. Weil ohne die Erkenntnis und die Berücksichtigung dieses Menschenbildes mit der in ihm verankerten Menschenwürde jede Zukunft hohl und leer bleiben wird. Weil das C Konsequenzen verlangt. Weil das C anspruchsvoll ist. Weil das C fordert.

Das ist eine alte und topmoderne Erkenntnis. Das Bundesverfassungsgericht erklärte bereits 1952: „Dieser Grundordnung liegt letztlich nach der im Grundgesetz getroffenen verfassungspolitischen Entscheidung die Vorstellung zugrunde, dass der Mensch in der Schöpfungsordnung einen eigenen selbstständigen Wert besitzt und Freiheit und Gleichheit dauernde Grundwerte der staatlichen Einheit sind. Daher ist die Grundordnung eine wertegebundene Ordnung." Und vier Jahre später hieß es zur Verstärkung: „In der freiheitlichen Demokratie ist die Würde des Menschen der oberste Wert."

Im Jahr 2001 hat der damalige Vorsitzende der Wertekommission der CDU Deutschlands ganz bewusst auf die religiöse Begründung des christlichen Menschenbildes hingewiesen. Ob diese Passagen in seinem Beitrag damals aufmerksam gelesen und entsprechend auch verstanden wurden, wird von manchen Beobachtern inzwischen bezweifelt. Sie mögen gelegentlich wie ein etwas abgehobener Ruf aus vergangenen Zeiten klingen, sind aber noch immer aktuell. Inwieweit sie Teil der christdemokratischen Identität wurden, bleibt wohl ein Rätsel. Sie bleiben gleichwohl richtig – und mögen helfen, das C in der Union ausfindig zu machen.

Der Mensch ist von Gott erschaffen. Er ist also kein belangloses und zufälliges Ergebnis der Naturgeschichte, kein Zufallsprodukt, kein Betriebsunfall. Und zwar niemand ist das. Ohne Ausnahme. Selbst wenn es alle anderen nicht täten – Gott meint es gut bei der Erschaffung des Menschen. Jedes Menschen! Immer wieder. Das gehört zum Kernbestand des christlichen Menschenbildes. Gott schenkt seinem Geschöpf Vertrauen und Zukunft. Er ist ein konkreter Schöpfer, einer, der sich im Menschensohn geoffenbart hat und sein Gesicht zeigte. Er schwebt nicht in nebulösen Sphären, sondern ist da für sein Geschöpf. Er sagt Ja. Zu jedem Menschen. Jeder ist – von Gott – geliebt, gewollt, berufen, gesegnet. Jeder hat von Gott her seine unveräußerliche, geradezu göttliche Würde. Deshalb ist sie unantastbar. Deshalb darf sie und kann sie nicht zerteilt, gestückelt oder abgestuft werden. Im christlichen Menschenbild gilt die Zuversicht, auch in größten Widrigkeiten des irdischen Lebens nicht verlassen zu werden und nicht dem endgültigen Scheitern anheimgestellt zu sein.

Maßstab der Freiheit

Und aus dieser großen Berufung, die jeden Menschen ohne Einschränkung etwa durch Alter, Können, Vermögen, Gesundheit oder Beziehungen – geboren oder noch nicht – zum Träger einer unveräußerlichen Würde macht, macht ihn auch zum Träger von Freiheit. Der Mensch ist niemals nur Mittel zum Zweck. Er ist niemals nur ein Programmierter. Seine Freiheit hebt sich von allem anderen in der Natur ab. Als Ebenbild des Schöpfers ist er zur Freiheit berufen – und zur Verantwortung. Zur Herrschaft und zur Pflege. In Freiheit und in voller Verantwortung. Und diese Verantwortung – wohlgemerkt: wir sind noch immer in der Beschreibung des christlichen Menschenbildes – geht gleich in zwei Richtungen: vor Gott und für seine Mitmenschen. Die Freiheit des Menschen verdankt sich dem Schöpfer, die Verantwortung gegenüber dem Nächsten folgt daraus. Daraus ergibt sich: „Steht die Freiheit im Mittelpunkt, verbietet sich auch eine Auflösung des Menschlichen in Naturgesetzlichkeit. Was einer früheren Wissenschaftsepoche die Mechanik war, ist heute die Genetik: der Versuch, den Menschen gänzlich aus Naturgesetzen zu erklären. Eine solche Sicht ist mit dem christlichen Menschenbild nicht zu vereinbaren. Sie führt zur Barbarei“ (Böhr).

Die Unantastbarkeit seiner Würde hat der Mensch übrigens nicht durch Zuerkennung durch die Gesellschaft, denn sie kann nicht alleine mit menschlichen Maßstäben beurteilt werden. Vor Gott ist jeder Mensch in seinem Wert gegeben und als Person vorhanden. „Unwertes“ oder „wertloses“ oder „minderwertiges“ menschliches Leben kann und darf es nicht geben. Die Unantastbarkeit der Würde des Menschen – sie ist der Maßstab der Freiheit.

Offene Fragen

- ▷ Wer kennt noch das christliche Menschenbild?
- ▷ Wer orientiert sich am christlichen Menschenbild?
- ▷ Wer weiß, was Freiheit mit Verantwortung zu tun hat?

Zukunft? Nein danke!

Das C und die Familie

Diese Freiheit ist auch der Maßstab für das Familienbild. Aber: Gibt es das überhaupt noch? Träumen nicht jene von alten Zeiten, die von einem christlichen Familienbild ausgehen und glauben, so etwas könne heute noch eine Auswirkung auf die Politik haben? Christliche Familienpolitik – wie könnte sie aussehen? Jean-Jacques Rousseau wusste: „Der Reiz des Familienlebens ist das beste Gegengift gegen den Verfall der Sitten." Das aber sollte Christen, erst recht Christdemokraten, doch interessieren, oder?

Es gibt Grund zur Freude, denn man könnte meinen, dass die Union das Thema Familie endlich wieder entdeckt hat. Endlich ist es ein Thema nicht nur für Festtagsreden und Wahlkämpfer auf Stimmenfang. Endlich wird mit Leidenschaft und großem Engagement über Familie und über Familienpolitik diskutiert, geredet, gestritten, nachgedacht – und gar politisch gehandelt. Es scheint, als habe es eine einzelne Politikerin geschafft, alte Denkstrukturen zu verlassen und neue Formen der Familie anzudenken. Die dumpfen Schlagwörter „Rabenmutter" und „Heimchen am Herd" verschwinden. Ist also Deutschland mit Hilfe der Union nun endlich auf einem guten Weg – zu mehr Kinderfreundlichkeit, zu mehr Familiengerechtigkeit, zu mehr Lebensqualität? Und ist das, was nun als neues Credo in die politische Landschaft getönt wird, eine dem C entsprechende Ideologie? Entspricht das, was nun allenthalben an Krippen und U3-Gruppen aus dem Boden gestampft wird, dem christlichen Menschenbild und der christlichen Vorstellung von Familie und Freiheit?

Es gibt Zweifel. Nicht nur, weil der in regelmäßigem Abstand werbewirksam verkündete Babyboom nicht wirklich da ist und jenseits des Lächelns einer monothematischen Familienministerin viel Enttäuschung und wenig Kinderfreundlichkeit wächst. Deutschland stirbt nach wie vor aus, hat wesentlich mehr Särge als Wiegen. Aber dennoch scheint nichts anderes der Maßstab für eine sogenannte Familienpolitik zu sein als die Erwerbstätigkeit der Frau. Nicht das Kindeswohl. Nicht das Familien- oder Elternwohl. Nicht die Entwicklungschancen für Kinder, zu denen vor dem Eintritt ins Schulleben mit klassischer Bildung vor allem die emotionale und soziale Bildungs- und Bindungsfähigkeit gehört. Nicht die neuesten, aber irgendwie auch störenden Erkenntnisse der Hirnforschung sind Maßstab. Nein, alleiniger Maßstab ist offenbar die außerhäusliche Erwerbstätigkeit der Frau. Eine Berufstätigkeit der Mutter als Mutter – solches Denken gilt immer noch als geradezu unanständig. Solche Ideen, die aus dem „Nur“ der Hausfrau und Mutter eine echte Anerkennung machen könnten, sind verpönt. Wehe dem, der hier ideologiefrei nach vorne denkt – und dies auch noch zu äußern wagt!

Es war für alle, die etwas von der Materie verstehen, mehr als erstaunlich, mit welch geradezu stolzem Selbstbewusstsein die Familienministerin im Februar 2009 vollmundig und medienwirksam begleitet erklärte, dank ihrer Politik gebe es endlich wieder mehr Geburten in Deutschland. Anfang April entpuppte sich dies jedoch als gigantischer Schwindel. Denn das Statistische

Bundesamt veröffentlichte die Zahlen, die man schon zuvor durch einige wenige Gegenrechnungen hatte finden können, und verkündete nun offiziell, dass es nicht mehr, sondern erheblich weniger Geburten 2008 in Deutschland gab. Die „leise Revolution", die sich die lächelnde Ministerin als Verdienst ihrer angeblichen Familienpolitik einem Orden gleich anheftete, war nichts weiter als ein als Faktum verkauftes Wunschdenken. Eine Seifenblase. Peinlich. Familienpolitik? Gescheitert? Entzaubert. Blamiert. Dem lauten Selbstapplaus nach vermeintlicher Erfolgsmeldung im Februar folgte wenig später nach Bekanntwerden der wahren Ist-Zahlen ein beredtes Schweigen jener Politikerin, deren Eigenlob-Begabung offenbar in einem bemerkenswerten Gegensatz zu ihrer Sachkenntnis steht. Tatsache ist nach vier Jahren sogenannter Familienpolitik unter Merkel: Deutschland schrumpft. Tatsache ist: Die Zahl der Neugeborenen sank 2008 im Vergleich zum Vorjahr um 8000. Das sind 1,1 Prozent weniger als zuvor. Tatsache ist: Es gibt nicht wirklich eine Familienpolitik, die ihren Namen verdient hätte. Tatsache ist: Eine Politik für Familien oder gar eine Politik für Kinder gibt es auch unter der CDU-Kanzlerin (noch) nicht. Leider.

Der gigantische Etikettenschwindel

Auf den gigantischen Etikettenschwindel, der mit dem Wort Familienpolitik betrieben wird, habe ich in einem eigenen Buch hingewiesen. Einiges sei hier erneut angemerkt. Denn es ist leider so, dass das, was in diesbezüglich reichlich entleerten Parteiprogrammen steht und mühsam unter dem Diktat des Minimalkompromisses dort noch festgehalten wird von einer C-Kanzlerin und ihrer engagierten Kabinettskollegin, nun wirklich nicht ausreicht für eine wirkliche Debatte über Familie in Deutschland. Das C will mehr als ein die Wirklichkeit beschneidende und menschliche Sehnsüchte ignorierendes Wirtschaftsdiktat. Das C lädt hingegen ein zu einem hohen Maß an Freiheit und Unabhängigkeit in einer tabuverdichteten und vermeintlich aufgeklärten freien Gesellschaft wie der deutschen, die diesen Sprung ins Morgen erst noch wagen muss.

Was längst kein Geheimnis mehr ist und von immer mehr Menschen erkannt wird, was sehr viele denken und beklagen: Wir erleben bei dem, was als Familienpolitik verkauft wird, einen gigantischen Etikettenschwindel. Mehr noch: Das, was sich mitten in unserer Gesellschaft abspielt, ist ein bisweilen in Gleichgültigkeit oder Apathie hingenommener Totalbetrug, an dem nicht nur Politiker und Fernsehleute mitarbeiten. Es sind vor allem C-Politiker, die den Eindruck erwecken, als sei das, was heute als Familienpolitik verkauft wird, das eigentlich Christliche an dieser Politik. Assistiert wird dies gelegentlich sogar von medienerfahrenen Geistlichen, die – anders als von ihrer Kirche sonst gefordert – nicht das Wohl der Kinder bei der Gründung einer Einrichtung für die Kleinsten zum Ausgangspunkt machen. In der Lokalzeitung lassen sie gar verkünden, man habe ausschließlich Ganztagsplätze geschaffen, um die Erwerbstätigkeit der Frauen im Pfarrviertel zu unterstützen. Ist also die Wegbetreuung und die ausschließliche Orientierung am Erwerbsleben der einzige und wirklich christliche Maßstab für eine C-orientierte Familienpolitik?

Keine Frage: Es mag sein, dass die so verkaufte Familienpolitik eine ordentliche Frauenpolitik ist. Im Sinne der Gleichstellung durch Erwerbsförderung. Ja, es ist sicher auch richtig, dass vieles als Familienpolitik verkauft wird, was wichtig und notwendig ist – es ist aber eben keine Familienpolitik. Frauenerwerbsförderpolitik könnte man sie nennen. Doch ist das eine Frauenpolitik, die für alle gilt? Für alle Frauen? Auch für die, die die Krönung ihres Daseins nicht im Wegdelegieren von Kindern oder in der gerne so bezeichneten Gebärverweigerung sehen? Also: Auch für Frauen, die gerne Mutter wären oder sind, dafür aber von der Gesellschaft und auch von der Politik wenig bis gar keine Anerkennung erfahren? Noch einmal: Ist nicht das, was wir als „Familien"-politik beobachten, letztlich nichts anderes als eine – ebenfalls gute und dringend notwendige – Frauenerwerbsförderpolitik?

Familie ist „in" – nur nicht bei der Union

Man kann es nicht häufig genug wiederholen: Es gibt eine nach wie vor – und vielleicht irgendwann wieder wachsende – große Mehrheit derer, die konkret in Familien leben. Immerhin sind es noch 77 % der deutschen Kinder, die bei ihren miteinander verheirateten Eltern aufwachsen. Anfang der 90er-Jahre waren es noch 85 %. Und auch das ist wahr: Im privaten Leben hat, anders als im „veröffentlichten" oder öffentlich wahrgenommenen, das Wort „Mutter" meist einen klaren Klang. Nähe, Geborgenheit, Zuversicht, Heimat, Liebe, Treue und Klugheit – all das schwingt für die meisten Menschen mit, wenn sie an ihre Mutter denken. Auch viel anderes, gewiss.

Das C will keine Einengung, sondern eine Weitung des Denkens. Auch und vor allem des Denkens und Wollens in der Politik. Doch für einen wirklichen Perspektivenwechsel steht die Union bis heute nicht. Erkennbar wird das Defizit daran, dass zum Beispiel in der Krippendiskussion nach wie vor das Prinzip der außerhäuslichen Erwerbsarbeit dominiert. Dabei weiß man aus christlicher Sicht, dass es vor allem darum gehen müsste, die Familie zum Dreh- und Angelpunkt zu machen. Notwendig wäre ein echter Perspektivenwechsel. Es geht auch um einen Paradigmenwechsel. Es geht um ein neues Denken. Es geht um die Zulassung von Freiheit und die Ermöglichung von Zukunft. Es geht um den Ausbruch aus einem Jahrzehnte lang herrschenden Tabu, den eine neue alte, seit etwa 40 Jahren verfestigte Ideologie freilich nicht zulassen will. Es geht um den Aufstand gegen die Diktatur der Ungerechtigkeit und des Egoismus. Es geht um eine neue Revolution, die endlich dem lange herabgesetzten garantiert Wertvollen jenen Wert voll zugesteht, der ihm zusteht – und der allen zugutekommt.

Auch denen, die andere Lebensentwürfe als die lange propagierten belächeln oder gar bedauern. Es geht also um Vernunft und Herz. Doch die haben es – als Kombination – schwer in einer Gesellschaft, die sich geradezu schizophren im gestrigen Heute bewegt und aufgrund eines amputierten Denkens sich einseitig an Lebensentwürfen orientiert, die vorgegeben werden, die aber in dieser Einseitigkeit nicht wirklich von den Menschen gewollt sind. Wohl wahr: Wer so formuliert, macht sich gleichsam automatisch verdächtig. Noch. Denn noch greifen reflexartig Mechanismen, die alle Andersdenkenden rasch in Schubladen sperren wollen und dem Nonkonformisten verstaubtes und altbackenes Gedankengut unterstellen. Verleumdungen haben hier Konjunktur, und wer sich gar mit kritischen Fragen gegen die öffentlich bejubelte Kinderkrippenneukultur stellt und diese nicht als der Weisheit letzten Schluss anzuerkennen bereit ist, gilt als Störenfried.

C-Politiker könnten mutig sein

Warum scheuen sich nicht zuletzt so viele C-Politiker, beispielsweise zur Kenntnis zu nehmen, dass etwa die neueste Hirnforschung bestätigt, wie wichtig ausgerechnet die Mutter für das Wohl des Kindes ist. Wer in einer sonst so wissenschaftsgläubigen Gesellschaft wie der deutschen mit wissenschaftlichen Forschungsergebnissen belegen kann, dass die Ermöglichung eines intensiven und zeitlangen gemeinsamen Daseins der Mutter für das Kind dieses in der Entwicklung besser fördert als alles andere – und so zu größerer Persönlichkeitsstabilität und stärkerer Gesundheit des Kindes führt –, wird wie automatisch in eine Ecke gestellt. Seltsam. Aber logisch – im Sinne der Logik des Falschen. Und es scheint wenig zu helfen, dass sogar die Wirtschaft davon profitiert, wenn Kinder mütterliche (und väterliche) Zeit erleben, Zärtlichkeit und Zuneigung. Es mag Männer treffen, ist aber wahr: Sie sind als Väter wichtig, sehr sogar. Aber in den ersten Jahren können sie mit der Bedeutung der Mütter nicht konkurrieren.

Das christliche Menschenbild schneidet nichts ab, verkürzt nichts und kennt keine brutale Gleichmacherei. Als Christen dürfte man also keine Mühen haben, die Unterschiedlichkeit bei gegebener Gleichwertigkeit nicht nur zu erkennen, sondern auch zu verkünden. Männer und Frauen sind verschieden. Zum Glück. Sie sind gerufen und berufen, einander zu ergänzen. Weder sollten aus Frauen Auch-Männer gemacht werden noch aus Männern Auch-Frauen. Unser Land braucht Frauen als Frauen und Männer als Männer, Mütter als Mütter und Väter als Väter!

In der Familienpolitik jedenfalls hat das C seine Leuchtkraft und seine zukunftsorientierte Weite noch nicht entfalten können. Eine ganze C-Riege hängt eher an alten und eines Tages als von vorgestern erkannten Klischees, in denen nicht das Bild der Familie entscheidet, sondern wenigstens zu großen Teilen eine am Diktat der Wirtschaft klebende Lebensgestaltung. Die Freiheit, die stets im Munde der entsprechenden Politiker geführt wird, gibt es nämlich bis heute nicht. Eine echte Wahlfreiheit zwischen Erwerbstätigkeit und Familienarbeit wird wegen der immer noch nicht gegebenen gleichwertigen Anerkennung vorenthalten. Solange nämlich das Kind lediglich zum Objekt der – sicher auch notwendigen – Betreuung degradiert und nicht als Subjekt der Entfaltung (an)erkannt wird, versündigen wir uns an Kindern, Familien und damit am Staat. Dessen Keimzelle ist auch heute die Familie, die mehr ist als eine solitäre Wohngemeinschaft rund um den gemeinsamen Kühlschrank! Je gesünder und freier die Familien sich entfalten können, desto gesünder und kräftiger, desto zukunftssicherer ist die Gesellschaft.

Wer wirklich etwas für die Familie tut, wer also zum Beispiel eine echte und gleichwertige – auch gleich anerkannte – Wahlfreiheit für Frauen (und Männer) als Mütter (und Väter) schaffen wird, gehört zur Avantgarde. Es wird Zeit, den Mut zur Erkenntnis zuzulassen. Es ist bemerkenswert, wenn ausgerechnet die familienpolitische Sprecherin der Linken im Saarland und Frau von Linke-Fraktionschef Oskar Lafontaine, Christa Müller, in einem Spiegel-Streitgespräch mit der Unionsministerin Klartext redet und Millionen Müttern eine Stimme verleiht. Schon Wochen zuvor hatte sie sich „unbeliebt“ gemacht und gegen jede political correctness behauptet, die Pläne der Merkel-Regierung seien „einseitig auf eine Fixierung der Erwerbstätigkeit von Müttern mit Kleinkindern fixiert“. Ist diese Beobachtung falsch, nur weil es die „Falsche“ sagt?

Kinder haben keine Lobby

Man möge einmal überzeugte Mütter fragen, ob sie eigentlich meinen zu arbeiten. Es gibt zahlreiche engagierte Frauen, die tatsächlich einen Vollzeitberuf ausüben, der wirklich die volle Zeit sieben Tage die Woche fordert, nämlich den der Mutter. Es ist vielleicht der einzige Beruf, der die Bezeichnung Vollzeitbeschäftigung verdient. Aber es ist eben leider auch der einzige Beruf, der in den meisten Fällen gar nicht als Beruf oder Berufung gesehen und gewertet wird. Sind Frauen, die wirklich frei wählen wollen und sich für etwas als wertvoll Erkanntes entscheiden, tatsächlich „veraltet"? Wie kommt es, dass ausgerechnet diese Zukunftsinvestorinnen zunehmend den Eindruck haben, dass sie vor allem in der Union kein Gehör mehr finden? Warum ist das so, dass die Familien, denen im Christentum die besondere Aufmerksamkeit gilt und von deren Bedeutung Christen mehr als einen Schimmer von Ahnung haben dürften, in den C-Parteien keine Lobby zu haben scheinen? Sind sie, die sich nicht in ideologische Schablonen pressen lassen wollen, die also eher ihr Leben weitergeben und es auch als Eltern leben wollen, die ihre Kinder als dem ihnen Kostbarsten in allem beistehen und für sie da sein wollen, vielleicht in Wirklichkeit zu sehr die moderne und emanzipierte Avantgarde? Sind die Unionsparteien mit ihrem konditionierten Führungspersonal überfordert mit der Idee, einmal unverkrampft und mutig nach vorne zu denken? Liegt das mangelnde Interesse an den Familien und an all jenen, die sich unzweifelhaft tatsächlich für die Zukunft der Gesellschaft einsetzen, vielleicht gar daran, dass es kein Familienwahlrecht gibt – Familienstimmen also nicht zählen?

Auch durch gebetsmühlenartig wiederholtes Behaupten, selbstbewusste Mütter seien altmodisch und nicht wirklich emanzipiert, wird Falsches nicht wahr. Wirklich aufgeklärte, fortschrittliche Frauen und Männer lassen sich ihre Lebensplanung von niemandem mehr diskreditieren und schon gar nicht vorschreiben. Es wäre also ein Zusatzgewinn, wenn die Unionsparteien im Sinne des C und seiner Vielfalt sich an die Spitze einer Bewegung setzten, bei der es um die längst überfällige Ergänzung bisheriger mentaler Engführung ginge. Ich wiederhole: Das, was wir bisher Familienpolitik nennen, ist letztlich gescheitert. Und das C scheint in diesem Falle so verblasst zu sein im Parteinamen, dass die C-Damen am Kabinettstisch bisher nichts Neues zu denken wagten, stattdessen alte Denkmuster anderer Parteien liebevoll aufpolierten und mit dem C-Etikett verkauften.

Doch: Ein „Weiter so" auf diesem Holzweg bringt nichts. Ohne Aufgabe bisheriger Positionen und auch ohne Aufgabe der wohl auch für eine Union notwendigen Anbiederei an den sogenannten Zeitgeist stünde es vor allem der Union gut an, das Spektrum zu erweitern. Sie sollte in familienpolitischen Fragen nicht den anderen hinterherlaufen, sondern angstfrei eine den Namen verdienende Familienpolitik in die Mitte ihres politischen Denkens stellen. Modern. Frei. Stark. Es ist, um nur ein einziges Beispiel aus dem Frühjahr 2009 zu nennen, hingegen lächerlich, wenn bei gleichzeitiger Vergabe von Milliardenhilfen die mehr als andere von der Wirtschaftskrise betroffenen Familien einmalig mit 100 Euro – in Worten: einhundert Euro – abgespeist werden.

Die Union braucht ein Vorwärts

Es geht um kein Zurück. Es geht um ein Vorwärts. Dieses Vorwärts sollte sich die Union sichern! Denn es wird nicht reichen, auf Dauer die Familie der ohnehin in Wertfragen höchst wenig belastbaren Wirtschaftswelt anzupassen, um die Vereinbarkeit von Familie und Wirtschaft zu befördern. Es wird notwendig sein, die Wirtschaft familienfähig zu machen und aus familienpolitischer Sicht sozial gerechte Rahmenbedingungen für das Funktionieren von Familie zu schaffen. Hier ist Ideenreichtum gefragt. Hier sind die C-Parteien gefragt. Hier müssen sie in der Lage sein, aus gewohnten Trampelpfaden des vorgegeben Denkens auszubrechen. Flickschusterei, wie sie mit Lächeln und medienwirksam betrieben wird, ist eigentlich nicht das Gebot des C!

Sein Gebot ist eher: Hinsehen und Kostbares erkennen, schützen und fördern. Wir wissen längst: Die meisten Frauen hätten liebend gerne mehr Zeit und Möglichkeit für das ihnen kostbarste Geschöpf. Betreuungsplätze für viele sind allenfalls ein bis zur nächsten Wahl haltendes Pflaster auf einer Wunde, die durch das Pflaster womöglich eine Weile verdeckt wird, die aber eine richtige Medizin braucht, um heilen zu können. Für die meisten Eltern, insbesondere die Frauen und Mütter, gilt: Sie hätten liebend gerne mehr Zeit für ihre Kinder. Frauen, Mütter, Männer und Väter wollen mehr als ein Pflaster. Sie wollen endlich anerkannt sein – als Mütter und Väter, als Familien! Sie wollen die Freiheit, die ihnen ermöglicht, ihr Leben in Verantwortung so gestalten und leben zu können, wie sie es wollen. Weniger Staat und mehr Freiheit bedeutet auch: weniger Staat durch mehr Familie. Und diese Forderung betrifft alle und alles: Sie beginnt bei der Erfüllung der bisher konsequent ausgeblendeten Forderung des Bundesverfassungsgerichtes von 1992 und 2001 nach einem fairen familiengerechten und unmittelbaren Familienlastenausgleich.

In Deutschland gibt es einen fein geschützten Mutterkomplex. Wer „nur“ Mutter sein will, genießt fast schon Mitleid. Die Gesellschaft insgesamt, aber nicht minder die Politik weiß den Wert der Familie und den der Mutter nicht wirklich zu schätzen. Erstaunlich, wo doch offensichtlich ist: Jede Mutter ist für ihr Kind etwas ganz Besonderes. Und sei es nur in der Sehnsucht danach, eine gute Mutter gehabt zu haben. Die Mutter ist mehr als eine Managerin. Sie ist mehr als eine Tagesmutter. Sie ist mehr als eine Betreuerin. Sie ist mehr als eine Köchin. Sie ist mehr als eine Zugehfrau. Sie ist mehr als eine Sekretärin. Sie ist mehr als eine Erzieherin. Sie hat auch mehr als einen Acht-Stunden-Job. Sie ist all das – und noch viel mehr. Und sie ist letztlich durch niemanden zu ersetzen. Irgendwo und irgendwie, so möchte man sagen, wird das schon geahnt. Auch in der Politik. Aber gewürdigt?

Kinder brauchen beide Eltern: Vater und Mutter. Manches kann eine Mutter einfach besser als ein Vater. Und die Beziehung zur Mutter ist auch stets eine etwas andere als die Beziehung zum Vater. Beides hat seine Bedeutung. Beides ist wertvoll. Aber es ist eben nicht dasselbe. Beides ergänzt sich. Beides wird gebraucht. Beides ist notwendig. Doch ganz ehrlich: Hier ist das C, in dem auch diesbezüglich viel Erkenntniszuwachs schlummert, auf der politischen Bühne mehr als löchrig.

Reichtum, der arm macht

Es ist beschämend, dass Kinderreichtum in Deutschland arm macht. Es ist beschämend, dass ein altes Auto dem Staat in der Finanz- und Wirtschaftskrise mehr wert ist als Kinder. Zum Abwracken der alten Kiste gibt es 2500 Euro, für Kinder gibt es eine Finanzspritze von 100 Euro. Damit kein Zweifel entsteht: Kinder und Familie hat man nicht – wenigstens im Normalfall nicht –, um eine bestimmte finanzielle Entlohnung zu bekommen. Aber angesichts der Debatten über Familie und ihren möglichen Wert für unsere Gesellschaft darf dann doch einmal die Frage gestellt werden, ob die an dieser Stelle erbrachte Leistung wegen ihres der ganzen Gesellschaft zugutekommenden Benefits eben dieser Gesellschaft etwas wert sein sollte. Zumindest mehr als ein mitleidsvolles Lächeln. Kinder sind ein Segen. Ja, Kinder machen reich. Aber Kinder sind eben leider auch ein Armutsrisiko in einem der reichsten Länder der Erde, das sich den tödlichen Luxus der Kinderarmut – im doppelten Sinn des Wortes – leistet.

Diejenigen, die stets laut und wortreich darüber klagen, dass die Kinder für unsere Zukunft fehlen, wissen andererseits auch, dass alle bisherigen Maßnahmen dazu beigetragen haben, die Einkindfamilie zu fördern. Wenn überhaupt. Denn nach wie vor reduziert sich der ursprüngliche Kinderwunsch vieler befragter junger Leute von zwei bis drei Kindern vor allem deshalb auf null bis maximal ein Kind, weil nicht nur die finanziellen Nachteile offensichtlich sind. Viele fühlen sich auch alleingelassen mit ihren Wünschen, eine Familie mit mehreren Kindern zu gründen.

Wenn die Vereinbarkeit von Familie und Beruf, wie es immer gefordert wird, so etwas wie die Leitmaxime der unionsgeführten Familienpolitik sein soll, dann fragt man sich, wie es eigentlich um die Gerechtigkeit für jene Eltern bestellt ist, die die ihnen vom Grundgesetz zuerkannte und als ursprünglich vorhandene Verantwortung einer individuellen Kindererziehung gerne selbst übernehmen – und damit einer ganzen Gesellschaft einen Dienst erweisen, von dem diese profitieren kann? Müssen diese sich nicht benachteiligt fühlen, wenn demnächst vor allem nur noch von der Familienpolitik kleine Familien und jene Eltern unterstützt werden, die möglichst rasch nach der Geburt eines Kindes wieder das außerhäusliche Erwerbsleben ansteuern und ihr Kind auf Staatskosten – also von den Steuern aller – betreuen lassen? Und Familien, die mehr Kinder haben, sodass die Vereinbarkeit überhaupt nicht möglich ist, gehen so gut wie leer aus: keine Inanspruchnahme staatlich subventionierter Krippen, Ganztagsschulen, Horte und dafür kein zweites Einkommen, das Ganze noch für eine überdurchschnittlich große Familie!

Fakten, die nicht sein dürfen

Übrigens hat man schon vor Jahren einmal ausgerechnet, dass die Gesamtarbeitszeit für Kinder das Volumen der geleisteten Erwerbsarbeit weit übertrifft. Erstaunlich, oder? Seit 2003 berücksichtigte das Statistische Bundesamt in Wiesbaden nicht nur die in den Familien unbezahlt geleistete Betreuungs- und Erziehungszeit, sondern zusätzlich auch die Erwerbsarbeitsstunden, die direkt oder indirekt nötig waren, um Waren und Dienstleistungen für Kinder bereitzustellen. Bereits im Jahr 1998 wurden insgesamt 30,4 Milliarden bezahlte und unbezahlte Stunden für Kinder aufgewendet. Das entspricht mehr als 20 Millionen Erwerbsarbeitsplätzen. Von Kindern hingen damals direkt mindestens sieben Millionen bezahlte Erwerbsarbeitsplätze in der Privatwirtschaft und im öffentlichen Dienst ab. Wenn man zusätzlich zu den bezahlten Leistungen die unbezahlten Zeiten für Kinder im Privathaushalt bewertet, so kommt selbst bei einem niedrigen Bewertungsansatz eine Wertgröße von rund 145 Milliarden Euro zusammen. Insgesamt betrug der Wert der bezahlten und unbezahlten Leistungen für Kinder 1998 damit rund 369 Milliarden Euro, das heißt pro Kind und Jugendlichem 1.980 Euro im Monat. Anfang der 90er-Jahre wurde geschätzt, dass der Wert der unbezahlten Arbeit etwa 170 % des Bruttosozialproduktes beträgt.

Angesichts dieser Zahlen – aber nicht nur deshalb – ist es schon erstaunlich, dass der Familienpolitik relativ wenig einfällt zum Schutz und zur Förderung der bislang unbezahlten Familienarbeit, die man als zentrale Größe für die Funktionsfähigkeit unserer Gesellschaft bezeichnen kann. Die Erhebungen des Statistischen Bundesamtes machen deutlich, dass im Jahre 2001 rund 96 Milliarden Stunden unbezahlte Arbeit geleistet wurden. Im Vergleich: Für Erwerbsarbeit waren es 56 Milliarden Stunden. Die Statistiker gehen insgesamt von einem Wert von 820 Milliarden Euro aus, was rund 40 % der gesamten Bruttowertschöpfung entspricht. Den Wert der unbezahlten Arbeit im Haushalt geben die Statistiker mit 46 Milliarden Euro an. Dabei legten sie einen Netto-Stundenlohn von 7 Euro zugrunde.

Doch der Idee eines Erziehungseinkommens wollen sich die zuständigen Unionspolitiker nicht öffnen. Wie bitte, Erziehungseinkommen? Da geht man lieber auf ausgetretenen alten und so eingeübten Pfaden, die auch mit einem lächelnden Neuanstrich nicht wirklich neu werden. Neues wird dagegen schlichtweg überhört. Weil hier ja wieder einmal nur Zahlen helfen können, dieser Hinweis: In einer vom Ipsos-Institut im März 2007 veröffentlichten Umfrage lautete eine Frage: „Stellen Sie sich vor, Sie bekämen monatlich pro Kind in den ersten drei Jahren 1.000 Euro und könnten außerdem nach mehrjähriger Erziehungsarbeit zu Hause problemlos in ihre frühere berufliche Position wieder einsteigen – wie viele Jahre würden Sie dann am liebsten Ihr Kind selbst erziehen wollen?“

Bei der ausgewählten Teilgruppe – alles Frauen, deren ältestes Kind unter drei Jahre ist oder die keine Kinder haben und unter 45 Jahre alt sind – kam ein Ergebnis heraus, was offensichtlich von der Politik und leider auch nicht von den Teilen der deutschen Politik, denen das C ein wenig mehr Weitblick und Nonkonformismus anbietet, nicht zur Kenntnis genommen wird: 22,2 % würden sich dann für eine Erziehungsarbeit zu Hause von bis zu drei Jahren entscheiden, und 70,1 % entscheiden sich unter solchen Voraussetzungen für eine Erziehungsarbeit daheim von drei bis zu sieben Jahren. Nicht zuletzt solche Erkenntnisse haben zum Beispiel den Diplom-Ökonomen Hans Ludwig, der unter anderem Bundesgeschäftsführer der katholischen Arbeitnehmerbewegung KAB in Köln war, schon lange angetrieben, über neue Modelle in der Familienpolitik nachzudenken und diese zu erforschen. Immer wieder fordert er auf, über die Krippenerziehung und die Einverdiener-Ehe hinaus zu denken. Es gibt bemerkenswerte Studien und Modellvorschläge, die alles andere als Blödsinn sind. In meinem Buch „Etikettenschwindel Familienpolitik“ habe ich sie ausführlich beschrieben. Letztlich geht es auch um Fantasie und Ideenreichtum, die in der herrschenden politischen Kaste allerdings keine Landeerlaubnis zu haben scheinen. Familie als Arbeitsplatz? Eigentlich eine der interessantesten Wege zur Vereinbarkeit von Familie und Beruf.

Wer fängt an, vom Kind her zu denken?

Heute entsteht eine seltsame Situation: Weil es ganz selbstverständlich geworden ist, dass auch Frauen sich am außerhäuslichen Erwerbsleben beteiligen und ein eigenes Einkommen mit nach Hause bringen, gibt es eine

Schieflage in der gesellschaftlichen Anerkennung. Die Erziehungs- und Pflegearbeit in der Familie, die ohne eine Bezahlung geleistet wird – und dann auch noch unter Verzicht auf ein eigenes außerhäusliches Erwerbseinkommen –, fällt aus dem Blickfeld einer Gesellschaft heraus, die sich ausschließlich am Erwerbsleben zu orientieren scheint. Hans Ludwig spricht in diesem Zusammenhang von einem Sonderopfer. Ein anderer nennt das alles ein demografisch-ökonomisches Paradoxon: Je besser die Einkommen und sonstigen Bedingungen für Frauen in der Erwerbsarbeit sind, desto höher werden die Opportunitätskosten der Kindererziehung. Mit anderen Worten: Es gibt einen Zusammenhang zwischen diesen Kosten und den sinkenden Geburtszahlen in Deutschland.

Es gibt also viel zu tun. Bloß: Was? Es käme darauf an, die Modelle „Familie statt Arbeit“ und „Familie und Arbeit“ durch ein Modell „Familie als Arbeit“ zu ergänzen – und vielleicht an manchen Stellen sogar zu ersetzen. Es kommt darauf an, dass sowohl die Erziehungsarbeit als auch die Pflegeleistung in der Familie gesellschaftlich als Arbeit wahrgenommen werden. Das aber funktioniert eigentlich nur, wenn diese Arbeit auch entsprechend bezahlt und sozialrechtlich abgesichert wird. Ach ja, durch die dann endlich einmal vorhandene Wahlmöglichkeit, die Erziehung und Pflege entweder selbst und gleichwertig bezahlt zu übernehmen, diese dem Ehemann und Vater zu übertragen oder dafür eine andere Person zu beauftragen und zu entlohnen, erhalten sie eine Macht- und Verhandlungsposition innerhalb der Ehe und Familie, um sich mit den eigenen Prioritäten durchsetzen zu können. Wenn man so will: Eine etwas andere Emanzipation wäre möglich.

Familienpolitik – wann fängt jemand wirklich einmal an, vom Kind her zu denken? Wann wird es wirklich einmal echte Familienpolitik geben? Wann leistet sich jemand endlich einmal Fantasie? Welche Partei, wenn nicht die Union, hätte dazu alle Möglichkeiten? Wir sollten in Deutschland nicht länger warten. Wir können es uns eigentlich auch nicht leisten, länger zu warten. Wenn wir ehrlich sind, dann geben wir auch zu, dass wir das längst wissen. Wir können uns schlichtweg nicht länger leisten, die Familie nicht wirklich zu entdecken. Das heißt: Die Politik sollte endlich entdecken, was viele Menschen für sich und ihr Leben schon früher entdeckt hatten und heute neu entdecken: Auf die Familie kommt es an. Hauptsächlich. Von ihr hängt fast alles ab. Sie hat jede Hilfe, jede Aufmerksamkeit und jede Freiheit verdient. Es kommt auf die Kinder an. Wir wissen das. Theoretisch. Und in Statistiken. Bevölkerungspolitisch. Generell. Und sowieso. Aber praktisch? Konkret?

Ein Kinderministerium

Wir alle klagen über zu wenige Geburten und zu viel Kinderfeindlichkeit. Es wäre ein echter Ausdruck des C, wenn die C-Parteien anfangen würden, vom Kind her zu denken. Von seinem Wohl her. Von dem her, was Kinder brauchen. Zeit. Zärtlichkeit. Zuneigung. Kinder sind keine Objekte, die weg-betreut werden dürfen! Kinder sind keine Manövriermasse, die zwischen Wirtschaft und Karriere zerrieben werden darf. Kinder sind Persönlichkeiten. Auch ohne Wahlrecht haben sie Rechte. Kinder gehören in den Mittelpunkt des politischen Denkens.

Wir brauchen ein Kinderministerium! Es muss eine politische Plattform geben, an der sich andere zu orientieren haben. Ein Kinderminister, der ein Vetorecht bekommt und verhindern kann, dass bei Gesetzesvorhaben Kinder völlig übersehen werden. Von den Kindern her muss gedacht, geplant, überlegt und gehandelt werden. Um sie geht es letztlich. Und zuvorderst. Familienpolitik, die stets der relativen Autonomie der Familie zu helfen hat, muss endlich Familienpolitik sein. Richtschnur kann nicht, wie es häufig den Anschein eben auch bei den C-Parteien hat, allein die Defizitfamilie sein.

Kinderpolitik wäre Familienpolitik. Kinderpolitik ist Mütterpolitik. Kinderpolitik ist Väterpolitik. Kinderpolitik ist Gesellschaftspolitik. Derjenige handelt im Sinne des C, der alles dafür tut, dass Deutschland nicht nur ein Väterland und ein Mütterland werden kann, sondern vor allem ein Kinderland. Es stünde dem C in der Union gut an, wenn sich mit ihm das Ende der Bevormundung verbinden würde. Nicht morgen. Jetzt. Frauen und Männer wollen nämlich wirklich selbst entscheiden, wie sie leben wollen. Aber sie wollen sich auch tatsächlich selbst entscheiden können. Das heißt, sie wollen eine politische Hilfestellung, die es ihnen ermöglicht, wirkliche Wahlfreiheit zu haben. Und das heißt: keine nur sogenannte Wahlfreiheit, die wieder – versteckt oder nicht – ein bestimmtes Lebensmodell vorschreibt. Wer sich voll und ganz für die Familie entscheidet und dafür, die Erziehung der eigenen Kinder selber zu übernehmen, darf nirgendwo benachteiligt werden. Das wäre ein echtes christliches Ziel für Politiker!

Kein Modell darf im Leben, in der Anerkennung, im Alltag benachteiligen oder Benachteiligung auch nur zulassen. Wir wissen längst, dass vor allem junge Menschen sich wünschen, Familie zu leben und zu erleben, eine eigene Familie mit Kindern zu gründen und zu leben. Warum nur finden die Unionsparteien mit dem hohen C nicht den Mut, sich in diesem Engagement für Familien von niemandem übertreffen lassen zu wollen? Müsste nicht gerade von ihnen alles getan werden, dass auch diese freie und kostbare Entscheidung wirklich möglichst leicht zu realisieren ist – und nicht im gesellschaftlichen oder wirtschaftlichen Diktat erstickt? Begreift die Union nicht, dass Familien mit Kindern ihre sicherste Wählergruppe sein könnte? Warum will man dort nicht verstehen, dass man mit dem C ein Kapital hat, mit dem man wuchern könnte – wenn man wollte?

Die Forderung bleibt richtig und kann nicht häufig genug wiederholt werden: Keine Vorschriften, bitte! So oder so nicht. Und keine Verteufelung, bitte. Keine Verurteilung. Weder gegen Frauen mit Karriere draußen noch gegen Mütter mit Karriere in der Familie. Beides muss sich lohnen. Beides muss auch kombiniert werden können. Wir brauchen eine gute Betreuung. Aber keine Weg-Betreuung. Kein Kinderverwahren. Kein Kindergehege mit Futternapf. Wir brauchen Räume der Geborgenheit, der Beheimatung, der Persönlichkeitsentfaltung. Und wir brauchen Familien, in denen die volle Freiheit eines Familienlebens möglich ist. Da sein. Zeit haben. Heimat leben. Von der Rund-um-Betreuung profitiert nicht zuletzt die Wirtschaft, Familien aber profitieren von der Familienzeit. Und diese Zeit ist kostbar. Sie darf nicht von den Frauen bezahlt werden müssen. Das ist eine Herausforderung für Väter und Mütter. Und vor allem für Wirtschaft und Gesellschaft.

Das christliche Menschenbild ist das freieste, das man sich vorstellen kann. Und das humanste. Es fordert dazu auf, die Freiheitsermöglichung des Einzelnen als den gültigen Maßstab zu nehmen. Nicht die Taktung der Leistungsgesellschaft ist maßgebend für eine bessere Zukunft, sondern die Taktung des Herzens und der Seele. Wir brauchen keine der Arbeitswelt angepassten und entsprechend beschnittenen Familien, sondern eine der Familie angepasste Arbeitswelt.

Wenn es um Familie geht, dann dürfen Menschen mit dem C eigentlich nicht sagen: „Geht nicht“ oder „da könnte ja jeder kommen“ oder „so etwas hatten wir ja noch nie“. Wenn es um die Familie als der natürlichen Grundeinheit der Gesellschaft geht, sollten C-Politiker die Ersten sein, die gewachsene oder diktierte Denkblockaden durchbrechen wollen. Weil die Familie die Keimzelle der Gesellschaft ist und bleiben wird, darf sie nicht länger das real existierende Stiefkind der Gesellschaft sein. Es ist übrigens keine katholische oder evangelische oder gar christliche Exklusiverkenntnis, dass die Familie so wichtig ist. In der Menschenrechtserklärung der Vereinten Nationen heißt es im Artikel 16,3: „Die Familie ist die natürliche Grundeinheit der Gesellschaft und hat Anspruch auf Schutz durch Gesellschaft und Staat.“

Ideen ohne Landeerlaubnis bei der Union

Es gibt konkrete Ideen, die aber bisher in der Union keine Landeerlaubnis bekommen haben. Die Forderungen sind nicht neu, können aber nicht oft genug gesagt werden: Alles, was in der Familie geleistet wird, ist nicht minderwertig, sondern muss einen Mehrwert haben. Darauf müsste jeder, der diese Leistung nicht erbringt oder/und von ihr lebt, eine kräftige Mehrwertsteuer zahlen. Also: Wir brauchen eine neue Mehrwertsteuer zugunsten der Familie.

Wir brauchen ein Familienwahlrecht, damit Kinder für Politiker eine spürbare Größe werden. Wir brauchen Wahlfreiheit, die echte Freiheit möglich macht.

Wir brauchen Betreuungsgeld, das nach freier Entscheidung eingesetzt werden kann zum Wohle der Kinder – entweder außerhäuslich oder in der Familienarbeit daheim.

Wir brauchen die finanzielle Anerkennung für die zahlreichen Leistungen der Mütter in der Leistungswelt der Familie. Wir brauchen viel mehr Fantasie in der Wirtschaft und den Unternehmen – für eine flexiblere Arbeitszeitgestaltung, die sich an den Notwendigkeiten der Familie orientiert. Wir brauchen mehr Unternehmen, die auch nach mehrjähriger Erziehungs- und Familienarbeit qualifizierten Frauen die Rückkehr ins Erwerbsleben erleichtern. Wir brauchen drastische Steuererleichterungen für Familien. Wir brauchen die Möglichkeit, Kinderbetreuung komplett von den Steuern abzusetzen. Wir brauchen radikale finanzielle Anreize der Autowirtschaft für Familien. Wir brauchen den schon für Hundefutter gültigen niedrigeren Steuersatz auf alle Produkte, die eine Familie braucht.

Wir brauchen eine bessere Berücksichtigung der Mütter (und Väter), die für Kinder als künftige Träger der Gesellschaft da waren, bei der Berechnung der Rente. Wir brauchen Familientage, an denen Familien Vorfahrt haben – beim Arzt, bei Behörden, in Geschäften. Wir brauchen ein Ministerium für Kinder, das mit einem Vetorecht die Möglichkeit hat, bei allen gesetzlichen Vorhaben der Regierung zu prüfen, ob dem Wohl des Kindes gedient ist oder nicht. Wir brauchen eine Familienpolitik, die ihren Namen verdient. Wir brauchen eine echte Familienpolitik, die scheuklappenfrei und denkmutig als Querschnittsaufgabe verstanden wird und wirken kann. Wir brauchen Familienpolitiker, die jenseits gewohnter Denkschemata einen unverstellten Blick auf die Familie haben und neu denken und vorschlagen.

Wir brauchen Familienpolitiker, die sich vor allem für Kinder interessieren.

Wir brauchen Politiker mit neuen Ideen. Wir brauchen Menschen, die den Mut zum Leben konsequent leben. Wir brauchen in den Unternehmen nicht nur Umwelt- und Gleichstellungsbeauftragte, sondern vor allem Kinder- und Familienbeauftragte!

Wir brauchen mehr Bürgerfreiheit und das Ende der Bevormundung.

Nette Bekenntnisse

Es lohnt sich, Familie ganz neu zu entdecken. Für alle. Hier könnte das C so richtig poliert werden. Die Familienpolitik ist der Lackmustest für eine Politik aus christlicher Verantwortung. Er fällt heute im Ergebnis ziemlich schwach aus. Noch.

Erstaunlich, denn auch in der Union weiß man doch, dass die Familie die „attraktivste Lebensform und der Kern unserer Gesellschaft" ist. So hat es der Vorsitzende der Jungen Union und Bundestagsabgeordnete Philipp Mißfelder einmal formuliert. Stimmt! Die Zahlen belegen das. Übrigens: Im Hamburger Grundsatzprogramm der CDU aus dem Jahre 1994, das den Titel „Freiheit in Verantwortung" trägt, gab es ein unmissverständliches Bekenntnis zur Familie: „Die Familie ist die beständigste Form des Zusammenlebens in der Gesellschaft. In der Familie erfahren Menschen Geborgenheit und Zuwendung. Hier erleben sie die Solidarität zwischen den Generationen. In Familien können am besten die Eigenschaften und Fähigkeiten entwickelt werden, die Voraussetzung und Grundbestandteil einer freien und verantwortlichen Gesellschaft sind: Liebe und Vertrauen, Toleranz und Rücksichtnahme, Opferbereitschaft und Mitverantwortung, Selbstständigkeit und Mündigkeit. Für uns ist die Familie das Fundament der Gesellschaft."

Das klingt alles wunderbar und ist auch hundertprozentig richtig. Bloß: Warum um Himmels willen kann man diese Erkenntnis nicht wiederfinden in der Politik der Union? Warum ist die Familie bei Licht besehen nichts weiter als ein Thema für Festtagsreden und theoretische Bekenntnisse? Warum scheinen die Erkenntnisse nichts als schöner Schein zu sein? Und was ist aus der 1994 noch schriftlich fixierten Erkenntnis geworden, die Ehe sei „das Leitbild der Gemeinschaft von Frau und Mann" und sei „die beste Grundlage für die gemeinsame Verantwortung von Mutter und Vater in der Erziehung der Kinder"? Warum wird so herzlich wenig getan, um diese „stabile Verantwortungsgemeinschaft von Mann und Frau" wirklich und nachhaltig zu stützen, zu fördern und mit allen Mitteln zu befähigen, ihrer Freiheitsverantwortung nachzukommen? Merkt denn keiner, dass die Union die Familien als wichtigste und gleichsam natürliche Verbündete verloren hat? Sieht denn keiner in der Union, dass eine besonders große Gruppe innerhalb der Nichtwähler längst Familien sind, die ihren Protest durch Wahlverweigerung zeigen, zu der sie sich von der Union gedrängt fühlen?

Es bleibt richtig, was in der Wochenzeitung „Die Zeit" im Jahre 2006 zu lesen war, und wird auch in künftigen Wahlkämpfen richtig – und vermutlich – unerhört bleiben: „Solange es sich karriere-, renten- und urlaubstechnisch eher lohnt, die Familiengründung anderen zu überlassen, so lange bewirken Appelle an die demografische Vernunft das glatte Gegenteil: besser keine Kinder. Die Hoffnung auf den familienpolitischen Gemeinsinn des Einzelnen läuft so lange ins Leere, wie das Gemeinwohl auch in allen Fragen des Zusammenlebens kein Maßstab ist."

Wer sich beim Festakt 90 Jahre Frauenwahlrecht strahlend zwischen Alice Schwarzer und der Frauenministerin ablichten lässt, sendet als CDU-Vorsitzende ein deutliches Signal und dokumentiert den Abschied vom christlichen Familienbild. Schade, dass die Christlichkeit der Union gerade an dieser Stelle so sehr verdunstet ist. Schade, dass diese große Chance, mit dem C einen wirklichen Mehrwert im Leben zu orten und zu beflügeln, nicht und – wenn überhaupt – defizitär zögerlich genutzt wird. Wenn es um die Familie und eine Politik für Eltern und Kinder geht, von der übrigens die ganze Gesellschaft mittel- und langfristig profitieren würde, dann ist das C bei der Union nach wie vor zum Tiefschlaf verdonnert. Es ist höchste Zeit, diesen Tiefschlaf zu beenden und die Union aus ihrer Ängstlichkeit gegenüber neuem und wirklich modernem Denken zu befreien.

Offene Fragen

- ▷ Wann leistet sich die Union erstmals eine echte Familienpolitik?
- ▷ Wer fängt erkennbar an, vom Kind her zu denken?
- ▷ Wann beginnt die Befreiung aus C-fernen Klischees?

Süßes Gift mit Todesfolge

Das C und Gender

Es hört sich vieles so gut an, klingt zunächst ganz gut und scheint etwas ganz Modernes zu sein. Und tatsächlich hat ein Begriff ausgerechnet unter dieser CDU-Kanzlerin regelrecht Karriere gemacht, auch wenn der Begriff wegen der dann doch nicht zu verhindernden Kritik längst wieder aus vielen Papieren und Homepages der Bundesregierung verschwunden ist, ja gelegentlich sogar verschwiegen zu werden scheint. Es geht um Gender. Auf Internetseiten der Ministerien kann man lesen, was das sein soll: Gleichstellungspolitik mittels der politischen Strategie des Gender Mainstreaming hat die Bundesregierung als durchgängiges Leitprinzip und Querschnittsaufgaben festgelegt. Damit reiht sich die Bundesregierung in die weltweiten Aktivitäten zur wirkungsvolleren Durchsetzung von Gleichstellungspolitik ein.

Eigentlich lässt sich das Wort, das – wie gesagt – längst nicht mehr überall so zu finden ist, dessen Inhalt aber überall zur Maxime des politischen Handelns wurde, schwer übersetzen: Gender Mainstreaming. Was mit dieser neuen Leitlinie der Politik gemeint ist, konnte man zum Beispiel in der Frankfurter Allgemeinen Zeitung lesen: „Politische Geschlechtsumwandlung" lautete dort die treffende Überschrift eines erklärenden Beitrags. Nun könnte man spontan sagen, dass es doch eigentlich eine gute Sache sei, wenn überall die Gleichstellung zur Maxime des Handelns gemacht werden soll. Wäre da bloß nicht die Gleichmacherei, die hinter alldem hervorlugt. Denn der Begriff kommt aus der Sexualpsychologie. Gender-Mainstreaming ist ein Begriff, der dem Bemühen entsprang, das Phänomen der Transsexualität sprachlich zu fassen, also jene Tatsache, dass manche Menschen meinen, in einem dem anderen als dem wirklich eigenen Geschlecht zugehörenden Körper zu stecken. Daraus entwickelte sich, so in der FAZ die Erklärung, „die Vorstellung eines vom biologischen Geschlecht (im Englischen: sex) abgelösten emotionalen oder metaphysischen Geschlechts (gender). Diese Grundidee wurde von der Homosexuellenbewegung übernommen. Gender wurde zur Sammelbezeichnung für das ‚soziale Geschlecht' weiterentwickelt, das den Menschen ihre ‚Zwangsheterosexualität' zuweise." Das sexuelle Geschlecht ist also eher einerseits eine „ideologische Hypothese" als andererseits auch eine „gesellschaftspolitische Konstruktion". Konstantin Mascher, Diplomsoziologe und Mitarbeiter des Deutschen Instituts für Jugend und Gesellschaft, bringt alles so auf den Punkt: „Laut Gender-Mainstreaming darf nur noch gefragt werden: Wie werden wir zu Männern beziehungsweise Frauen gemacht? Vor diesem Horizont bedeutet Freiheit, sich der Zwänge von festlegenden und festgelegten Identität zu entledigen."

Verbotene Kritik

Das alles ist vor allem ein Credo im fundamentalistischen Feminismus, was aber von den Protagonisten innerhalb der Bundesregierung lieber verschwiegen wird. Dabei sei, so die FAZ, dieser Zusammenhang geradezu zwingend: „Denn während homosexuelle Männer auch ohne Frau und Kinder in der sogenannten ‚patriarchalischen Gesellschaft‘ erfolgreich sein konnten, bot sich diese Möglichkeit homosexuellen Frauen kaum. (...) Der Zusammenhang zwischen Frauen- und Lesbenbewegung, der in der Politik der großen Koalition als Gleichstellungs- und Gleichbehandlungspolitik aufscheint, ist also durchweg biografischer Natur.“ Eigentlich verständlich, dass man die Debatte über Gender am liebsten ersticken würde, den Inhalt aber fleißig verbreitet und mit Hilfe aus Brüssel mehr und mehr in die politische Wirklichkeit verpflanzt. Übrigens: Viele in der Union verwechseln – aus purer Unwissenheit – Gender Mainstreaming mit Gleichberechtigung und ahnen nicht, dass es um die Leugnung der Geschlechtlichkeit des Menschen und um Geschlechtsneutralität geht.

Was das nun wieder alles mit dem C zu tun hat? Viel. Sehr viel sogar. Denn wer genau hinschaut, wird rasch erkennen müssen, dass diese neue alte Ideologie der Geschlechtslosigkeit und Geschlechtsbeliebigkeit das christliche Menschenbild mit seiner klaren geschöpflichen Wirklichkeit von Mann und Frau aushebeln will. Wer sich wie Volker Zastrow in der FAZ mit dieser süßen, aber hochgiftigen Ideologie auseinandersetzt, wird rasch erkennen, dass der theoretische Kern des „Gender“-Begriffs nun wahrlich nicht die „Existenz sozialer Geschlechterrollen und deren Merkmale“, sondern vielmehr in letzter Konsequenz behauptet, „dass es biologisches Geschlecht nicht gebe. Die Einteilung der Neugeborenen in Jungen und Mädchen sei Willkür, ebenso wohl könnte man sie auch nach ganz anderen Gesichtspunkten unterscheiden, etwa in Große und Kleine. Daher liege bereits in der Annahme der Existenz von Geschlecht eine letztlich gewalthafte Zuweisung von Identität: die ‚heterosexuelle Matrix'."

Der bereits zitierte Konstantin Mascher, Mitglied der ökumenischen Kommunität Offensive Junger Christen (OJC), merkt völlig zu recht an, dass die geschlechtliche Polarität nach biblischer Auffassung von Beginn an Wesenszug unserer Menschlichkeit ist. Für Christen „ist die Gewissheit, von Gott nach seinem Ebenbild erschaffen und mit der Gabe lebendiger, fruchtbarer Beziehung ausgestattet zu sein, das Fundament, auf dem sich die geschlechtliche Identität eines Menschen entfalten" könne. Dieses „*Wesen*liche" gehe der Identitätsentwicklung des Einzelnen voraus. Es „ist in Gottes Plan gelegen" und müsse nicht „als Konstrukt" erfunden werden. Der junge Christ wird dann sehr deutlich: „Wo immer wir diese zu entfaltende Identität verdunkeln, verdunkeln wir Gottes Ebenbildlichkeit in uns. Wann und wo wir aber der versöhnten Befriedung in Gott Raum lassen, kann Identität erstarken und reifen."

Man müsste, so sage ich es unter dem nicht ganz glücklichen Schmunzeln meiner Zuhörer gelegentlich, konsequenterweise fordern, dass diese „Gewalt" künftig von Anfang an unterbunden wird. Wie? Den Neugeborenen wird total verschwiegen, ob und – wenn ja – welches Geschlecht sie haben. Sie sollten frei und völlig geschlechtslos aufwachsen. Erst im Alter von – sagen wir – 18 oder gar 21 Jahren möge man ihnen die Freiheit geben, sich frei zu entscheiden, ob sie ein Junge oder Mädchen, ein Mann oder eine Frau sein wollen – oder doch lieber als ein Es durchs Leben gehen möchten. Das wäre logischerweise Gender bis zum Schluss durchgedacht. Wer, wenn nicht christlich engagierte und mit einem freien Blick ausgestattete Politiker müssten diesen gigantischen und gefährlichen Schwindel auffliegen lassen?

Und doch wird auch heute noch allen Ernstes von denen, die als verantwortliche Politiker genau dieser Ideologie den Weg bahnen, behauptet, eine solche Kritik sei unseriös. Sie mag vielleicht frech und unwillkommen sein, aber sie ist notwendig und höchst berechtigt. Es geht hier wirklich nicht nur um eine schlichte Gleichstellungspolitik. Auch manches, was sich zunächst gut anhört, ist nicht automatisch gut. Und niemand wollte widersprechen, dass in unserer Gesellschaft noch viel zu tun ist, um eine Gleichberechtigung der Geschlechter zu erreichen. Noch einmal: Geht es hier wirklich nur um eine Gleichberechtigung? Oder geht es hier nicht längst um eine simple Gleichmacherei von Mann und Frau – so, als gebe es keinen Unterschied mehr? Wäre es ein Fortschritt, wenn die Geschlechterdifferenz von Mann und Frau schlichtweg weggeleugnet werden sollte?

Kinder als störendes Beiwerk?

Wer so fragt, macht sich in dieser Gesellschaft – zumindest in bestimmten Kreisen der politisch korrekten Gesellschaft – sofort verdächtig. Wie das konkret dann aussehen kann, lässt sich entdecken. Auf der Homepage des Bundesfamilienministeriums habe ich Formulierungen gefunden, die sich freundlich und unverfänglich anhören. Doch bei näherem Hinsehen kann man dann doch erschrecken. Denn von Familie und Kindern ist so gut wie keine Rede mehr. Zu lesen war dort zum Beispiel unverbindlich: „Es geht um gleiche Chancen von Frauen und Männern mit und ohne Kinder, in allen Altersstufen und Lebensphasen ebenso wie in besonderen Lebenssituationen." Kinder sind im diktierten neuen Familienbild des Familienministeriums offenbar nichts als Beiwerk. Ein letztlich störendes Beiwerk? Und was ist mit den Chancen und Rechten der Kinder? Ein weiteres Zitat: „Die Verbesserung der Vereinbarkeit von Familie und Beruf für Frauen und Männer ist heute das zentrale gleichstellungspolitische Anliegen: Ohne eine Aufhebung der geschlechtsspezifischen Verantwortlichkeiten in Familie und Beruf und ohne das Bereitstellen der hierfür erforderlichen Rahmenbedingungen ist Gleichstellung nicht durchsetzbar."

Geht es also doch vornehmlich darum, die Geschlechterrollen von Mann und Frau aufzuheben? Sind Mütter und Väter, ist die Mutter und der Vater nur jeweils eine Rolle, die mit dem eigenen Geschlecht nichts zu tun hat? Moderne Hirnforschung und die Bedeutung für die Persönlichkeitsentwicklung des jungen Menschen durch das Erlebnis der verschiedenen „Geschlechterrollen", die ja weit mehr sind als nur Rollenspiele, scheint nicht zur Kenntnis genommen zu werden. Und das christliche Menschenbild mit seinem Realismus der Unterschiedlichkeit bei absoluter Gleichwertigkeit – warum wird es ausgerechnet unter der Federführung einer C-Partei so attackiert und durchlöchert? Ein anderes Zitat aus derselben Stelle: „Gender bezeichnet die gesellschaftlich, sozial und kulturell geprägte Geschlechtsrolle von Frauen und Männern. Diese sind – anders als das biologische Geschlecht – erlernt und damit auch veränderbar. Mainstreaming bedeutet, dass eine bestimmte inhaltliche Vorgabe, die bisher nicht das Handeln bestimmt hat, nun zu einem wichtigen Bestandteil bei allen Vorhaben gemacht wird."

Ich weiß, dass es politisch nicht korrekt ist, in diesem Zusammenhang auf Simone de Beauvoir hinzuweisen, deren Thesen zur Mutterschaft, 1951 formuliert, seit 1968 längst den Weg in viele politische Köpfe gefunden haben. Sie haben wohl auch ihre Spuren in der Union hinterlassen. Ihr Buch „Das andere Geschlecht" hat für viele Feministinnen, zumal wenn sie kinderlos sind, den Status eines unfehlbaren Lehrdokumentes bekommen. Dort heißt es unter anderem, dass die Frau eine Schwangerschaft „gleichzeitig als eine Bereicherung und als eine Verstümmelung" empfindet. Der Fötus sei für sie „ein Teil ihres Körpers und auch wieder ein Parasit, der auf ihre Kosten lebt". Die Frau „fürchtet auch mit einem Schwächling und Ungeheuer niederzukommen, weil sie die scheußliche Zufälligkeit des Körpers kennt, und dieser Embryo, der in ihr haust, ist ja nichts wie Fleisch".

Um es ganz deutlich zu sagen: So etwas Geschmackloses hat mit dem C nichts, aber auch gar nichts zu tun. Doch es ist nicht ausgemacht, ob dies allen Verantwortlichen in der Union wirklich klar ist. Inzwischen muss man annehmen, dass selbst in bürgerlichen Kreisen mit christlichem Anspruch dieses süßsaure Gift Einlass gefunden zu haben scheint. Selbst in geringen Dosen ist es tödlich. Jedenfalls für alle Weite, Schönheit und Freiheit, die das C anbietet. Fast könnte man gelegentlich befürchten, einige im bürgerlich-christlichen Lager seien heutzutage immun geworden gegen ein Gift, das Herz und Verstand seit den 68er-Jahren betäubt und in einen Zustand permanenter Wahrnehmungsstörung versetzt.

Verklemmt und von vorgestern

Ein in Wahrheit verklemmtes reaktionäres Denken der 68er wird bis heute vielfach unkritisch konserviert: „Wenn heute die Frau meist nur mühsam den Beruf, der sie stundenlang vom Heim fernhält und ihr alle

Kräfte nimmt, mit den Interessen ihrer Kinder vereint, liegt das daran, dass einesteils Frauenarbeit noch allzu oft Sklavenarbeit ist, andererseits sich niemand darum gekümmert hat, die Pflege, die Aufsicht und Erziehung der Kinder außerhalb des Hauses zu sichern. Hier liegt eine soziale Lücke vor. Es ist jedoch ein Trugschluss, wenn man diese Lücke mit der Behauptung rechtfertigt, es stehe im Himmel geschrieben oder es sei ein Grundgesetz der Erde, dass Mutter und Kind einander ausschließlich zugehörten. Dieses gegenseitige Zueinandergehören stellt in Wirklichkeit nur eine doppelte, verhängnisvolle Unterdrückung dar." So hat man – im, wie gesagt, für viele so unfehlbaren Jahr 1968 – ohne die wissenschaftlichen Erkenntnisse, die uns heute vorliegen, gedacht, geredet und geschrieben. Es klingt daher für manche geradezu unverschämt, wenn man behauptet, Gender Mainstreaming sei „das politische Programm zur Aufhebung der Geschlechtsidentität von Mann und Frau".

Freilich: Es gibt auch Menschen, die sich trauen, ganz anders zu denken und zu formulieren. Michail Gorbatschow zum Beispiel, der große Freund von Helmut Kohl. Von ihm stammt folgende Erkenntnis, die – nebenbei bemerkt – sich wohl nicht jeder Unionspolitiker zu äußern wagen würde: „Wir haben erkannt, dass viele unserer Probleme im Verhalten vieler Kinder und Jugendlicher – in unserer Moral, der Kultur und der Produktion – zum Teil durch die Lockerung der familiären Bindungen und die Vernachlässigung der familiären Verantwortung verursacht werden. Dies ist ein paradoxes Ergebnis unseres ernsthaften und politisch gerechtfertigten Wunsches, die Frau dem Mann in allen Bereichen gleichzustellen." Man habe nun angefangen, „auch diesen Fehler zu überwinden. Aus diesem Grund führen wir jetzt in der Presse, in öffentlichen Organisationen, bei der Arbeit und zu Hause hitzige Debatten über die Frage, was zu tun ist, um den Frauen zu ermöglichen, zu ihrer eigentlichen weiblichen Lebensaufgabe zurückzukehren." Mutig, mutig, möchte man ausrufen. Das klingt in der Tat ganz anders als das Credo der 68er. Vielleicht ist aber auch nur etwas Nachsicht geboten, denn was 1968 kämpferisch als Befreiung aus spießigem Denken heraus formuliert wurde, konnte die Ergebnisse der modernen Hirnforschung aus den vergangenen Jahren noch gar nicht berücksichtigen. So gesehen wäre es nicht ganz fair, den damaligen Kämpfern gegen Spießigkeit vorzuhalten, dass sie selbst zu Vertretern einer ganz neuen Spießigkeit geworden sind.

Der in Deutschland und auch bei der Kanzlerin so beliebte Dalai Lama redet übrigens ebenfalls keineswegs politisch korrekt. Der bedeutendste tibetische Priesterfürst im hierarchischen System des Lamaismus würde so gar nicht in die Ideologie des Gender Mainstreaming passen. Immerhin gilt der Dalai Lama nach der Lehre des Buddhismus als die sich stets erneuernde Inkarnation eines Bodhisattwa, eines Erleuchtungswesens auf dem Weg zur Buddhaschaft. Im Juli 2007 sagte er unter anderem in Freiburg, dass der persönliche Friede vom Herzen abhängt: „Das bedeutet, eine glücklichere Welt, eine glücklichere Familie, ein glücklicherer Mensch beruht auf unseren inneren Werten. Diese inneren Werte beruhen nicht zwangsläufig auf religiösen Überzeugungen. Glaube kommt später. Zuneigung und Mitgefühl erleben wir sofort nach der Geburt, innerhalb der ersten Minuten, wenn eine Mutter ihr Kind umsorgt. Unsere Mutter hat eine große Zuneigung für uns, und dies verhilft dem Kind zu Seelenfrieden und zum Gefühl der Geborgenheit. (...) Einige medizinische Wissenschaftler haben gezeigt, dass im Anschluss an die Geburt die körperliche Berührung durch die Mutter der wichtigste Faktor für das gesunde Hirnwachstum ist. Ohne körperliche Berührung entwickelt sich das Gehirn langsamer. Dieser physische biologische Faktor als Ausdruck der mütterlichen Zuneigung macht einen großen Unterschied, und er hängt nicht von Religion ab, sondern von der Natur, es ist ein biologischer Faktor. Dieses halte ich für elementare menschliche Werte, wenn unser Leben auf diese Weise beginnt, dann haben wir für den Rest unseres Lebens mehr Freunde, mehr Zuneigung, mehr Mitgefühl in der Familie, in den Gemeinden und dann sind wir glücklicher. Unter diesen Bedingungen lassen sich Schwierigkeiten leichter überwinden und Konflikte leichter lösen. Unter diesen Bedingungen ist es leichter, Toleranz, Vergebung und all diese Dinge auszuüben. Und auch ganz am Ende des Lebens, zum Zeitpunkt des Sterbens, spielt Zuneigung eine sehr wichtige Rolle. Deswegen halte ich menschliche Zuneigung, menschliche Warmherzigkeit für die wichtigsten der menschlichen Werte.“ Offensichtlich scheint der Dalai Lama besser informiert zu sein als manche familienpolitische Experten, die einiges nicht kennen (oder auch nie erfahren haben) oder einfach nicht wissen wollen.

Angst vor den Fakten

Längst ist wissenschaftlich bewiesen, was auch früher schon behauptet wurde. Heute kann niemand mehr leugnen, dass das heranwachsende Leben vor allem die richtige Prägung zuerst durch die eigene Mutter und später auch durch den Vater braucht, um sich richtig gut zu entfalten. Es gibt zahlreiche Studien, die die Bedeutung der Mutter-Kind-Beziehung unterstreichen. Hirnforscher verkünden, dass der Mensch sein wichtigstes Grundpotenzial für sein gesamtes Leben von der Mutter bekommt. Man weiß, dass vor allem die ersten drei Lebensjahre für Kinder ganz entscheidend sind. Hier werden alle entscheidenden Weichen fürs Leben gestellt.

Neurobiologen erklären uns zum Beispiel, dass sich bei der Frau in der Mutterschaft das Gehirn wandelt. Es bekommt während der Schwangerschaft eine neue hormonelle Programmierung. Der Protesteronspiegel erhöht sich und wirkt beruhigend. Die Wissenschaft kann heute nicht nur nachweisen, dass während der Geburt eines Kindes bei seiner Mutter Hormone ausgeschüttet werden, die eine regelrechte Euphorie bewirken; sie weiß auch zu berichten, dass das Stillen des Kindes sowohl die Mutter als auch das Kind mit dem Glückshormon Oxytocin überflutet. Man weiß, dass sich schon in den ersten Stunden nach der Geburt Mutter und Kind am Herzschlag erkennen, ebenso am Geruch und an der Stimme. Und: Das Gehirn der Frau verändert sich und bekommt die zusätzliche Fähigkeit eines „Muttergehirns“, das sich dadurch auszeichnet, dass der Beschützerinstinkt gleichsam alles andere übertrifft. Liebesfähigkeit, Urvertrauen, Intelligenz, Lernlust – all das lernt das Kleinkind mehr oder weniger selbstverständlich durch eine glückliche Mutter-Kind-Beziehung vor allem in den ersten Monaten und Jahren des Lebens. Die Hirnforschung lehrt uns, dass nirgendwo sonst von der Natur das Lieben so leicht gemacht wird wie zwischen Mutter und Kind.

Im Ergebnis heißt das alles nun: Die Union, die sich der Ideologie der Gleichmacherei und der faktischen Geschlechtsleugnung verschrieben hat, verstößt nicht nur gegen das großartige und mit universalem Anspruch ausgestattete christliche Menschenbild, sondern ignoriert auch die wichtigen, aber durchaus nicht politisch passenden Erkenntnisse der modernen Hirnforschung. Peinlich und alles andere als aufgeklärt, wenn man Fakten nicht wahrhaben will. Mit wahrem konservativem Profil, das sich aus dem Bemühen speist, Bewährtes aus dem Gestern im Heute zu bewahren und es scheuklappenfrei als Sprungbrett ins Morgen zu nutzen – mit einem konservativem Denken, das letztlich das einzig progressive ist, hat eine solch ängstliche und rückwärtsgewandte Haltung nichts zu tun. Gerade in dieser Frage, in Fragen der Familienpolitik und der Gleichwertigkeit, erweist sich die Union als reaktionär – und verklemmt unaufgeschlossen.

Offene Fragen

- ▷ Wie lange bleiben viele C-Leute noch in der Diktatur des Relativismus verklebt?
- ▷ Wer erkennt, dass Gender ein Totalangriff auf die Freiheit des Menschen ist?
- ▷ Wann wird Vielfalt statt Einheitsbrei der Maßstab sein?

Das Phänomen Merkel

Das C und die beste Ich-AG

Wer ist Angela Merkel? Eine Frage, die schon häufig gestellt wurde – und nicht wirklich beantwortet werden kann. Denn wofür sie steht, welche Beziehung sie zum C hat, was sie wirklich über Familie denkt und was ihr beispielsweise die Soziale Marktwirtschaft bedeutet, das kann wohl niemand endgültig sagen. Sie selbst hat sich zwar schon häufiger auch zu diesen Fragen geäußert, doch richtig prägnante und belastbare Aussagen lassen sich nicht finden. Es sind eher Umschreibungen, Formulierungen, denen – so bemängeln Kritiker – das letzte Quäntchen Unverbindlichkeit nicht genommen wurde. Die protestantische Pastorentochter ist zwar die Vorsitzende der Christlich-Demokratischen Partei Deutschlands, sie war einmal unter anderem Vorsitzende des Evangelischen Arbeitskreises der CDU und prägt wie keine andere das neue Gesicht der ehemaligen Adenauer-Partei, doch selbst in der Union könnte man sie sich auch als Vorsitzende einer anderen Partei vorstellen. Ein unverwechselbares Identitätsmerkmal wie das C – so wie einst bei Konrad Adenauer, Rainer Barzel oder Helmut Kohl – will ihr niemand so ohne Weiteres aufdrücken. Als erste Beschreibung für sie wird einem wohl nicht das Christliche einfallen. Eher schon: Sie ist pragmatisch, machtbewusst, clever, zielstrebig, cool und selbstbewusst. Das C stört an ihr zwar nicht, aber es macht sie auch nicht aus. Richtig zum Glänzen und Strahlen hat sie es bislang nicht gebracht. Als eine aus christlichem Geist geformte Sozialpolitikerin würde sie einem wohl auch nicht in den Sinn kommen. An diesbezügliche Fähigkeiten des nordrhein-westfälischen Katholiken Jürgen Rüttgers reicht sie nicht heran. Ist sie eine Bekennerin? Oder eher eine geschmeidige Wendekanzlerin? Eine gnadenlose Ich-AG?

Sie wird bewundert und hat viele Männer um sich herum im Griff. Aber sie hat auch Kritiker, und sie hat nicht wenige in Deutschland, die sich über ihren gelegentlich etwas eigenwilligen Umgang mit dem C sehr ärgern. Einer von ihnen war Ende Februar 2009 der ehemalige Ministerpräsident von Sachsen-Anhalt, Werner Münch, dessen Austrittsbrief aus der CDU nach mehr als 37 Jahren Mitgliedschaft mehr christlich orientierten Wählern aus der Seele sprach, als man im Berliner Konrad-Adenauer-Haus wahrhaben wollte. Münch nannte mehrere Gründe für seinen Abschied von einer Partei, der er wohl mehr Profil zutraut, als es die Vorsitzende nach seiner Meinung zulässt. Er sprach von „Profillosigkeit in der Bundespolitik" und dem „Lavieren der Vorsitzenden in wichtigen Politikfeldern", wobei er die Ordnungspolitik bis hin zur Verstaatlichung und Enteignung, die Finanz-, Wirtschafts- und Steuerpolitik nannte. Der Politikwissenschaftler empfindet zudem den internen und öffentlich zelebrierten Umgang mit profilierten Persönlichkeiten der Union, die unter Merkel alle an den Rand oder aus dem politischen Geschäft gedrängt wurden, als unerträglich. Zum Beispiel Helmut Kohl, Friedrich Merz und Paul Kirchhof. Hier wie auch in anderen Fällen wirft Münch der Parteivorsitzenden „Populismus und die Stabilisierung ihrer eigenen Machtposition" als Leitmotiv vor.

Kaltherzig und ignorant

Ans Eingemachte geht der enttäuschte ehemalige Unionslandesfürst, wenn er als Grund für seinen Austritt aus der Partei benennt, dass die Parteivorsitzende christliche Werte für den Schutz des Lebens verrate, wenn Angela Merkel öffentlich mit Alice Schwarzer als einer Vorkämpferin der Abtreibung auftrete. Auch der Parteitagsbeschluss zur verbrauchenden embryonalen Stammzellenforschung sei mit dem C nicht vereinbar. Und schließlich habe das Fass zum Überlaufen gebracht, wie die Parteivorsitzende der CDU in plumper und die Grundregeln der Diplomatie wie des persönlichen Anstands verletzender Weise den Papst öffentlich maßregelte, obwohl hierfür auch sachlich kein Grund vorgelegen habe. Münch nennt das ein für Merkel „typisches Beispiel von Populismus" und erinnert daran, wie unanständig es sei, ausgerechnet diesem Papst Nachhilfeunterricht in Sachen Holocaust geben zu wollen. Durch Merkels Bemerkung sei der fatale Eindruck entstanden, die Haltung des Papstes, der bei seinem Besuch in Auschwitz gesenkten Hauptes durch das ehemalige Konzentrationslager gegangen war und der bekannte, hier erstmals an seinem guten Gott gezweifelt zu haben, sei nicht eindeutig. Das „war doch unglaublich, das war eine Demütigung des Papstes" und eine Anmaßung der Kanzlerin.

Tatsächlich haben viele Katholiken – und nicht nur sie – es als unanständig, verletzend und populistisch empfunden, wie sich die CDU-Kanzlerin völlig unnötigerweise in eine innerkirchliche Angelegenheit und offenbar ohne nähere Sachkenntnis einschaltete. Sie hat zudem den absurden Eindruck zugelassen, als habe sie den römischen Pontifex zu einer vatikanischen Erklärung veranlasst, die sie dann selbstverständlich begrüßte. Selbstüberschätzung? Ignoranz? Unkenntnis? Jedenfalls ist das, was der ehemalige Ministerpräsident formuliert, keine solitäre Empfindung unter katholischen Christen. Freilich: Hier war das Kopfschütteln über eine deutsche Kanzlerin, deren Instinktlosigkeit manche Beobachter gar an Bismarcks Kulturkampf erinnerte, selbstverständlich besonders stark. „Ignorant und kaltherzig", „überflüssig", „moralischer Hochmut und billige Effekthascherei" – die Wortwahl nach diesem Tropfen, der das Fass zum Überlaufen brachte, macht deutlich, wie voll das Fass schon länger war.

Merkel entleert das C

Einige in der Parteispitze reden sich die Verwerfung mit bewundernswerter Gelassenheit schön. Wolfgang Bosbach zum Beispiel wird zitiert mit der Feststellung, es gebe eine „gute Zusammenarbeit, gepaart mit leichter Enttäuschung" zwischen den C-Parteien und den Kirchen. Das mag für die offiziellen Gremien und institutionalisierten Treffen wie auch für die Verbindungsbüros, die selbst stets in der Gefahr stehen, zu einem Teil der Berliner Käseglocke zu werden, zutreffen. Für die Menschen vor Ort, an der Basis, wie man sagt, also dort, wo die Wähler und Wahlverweigerer leben, trifft diese euphemistische Beschreibung sicher nicht zu. Es ist mehr als zweifelhaft, ob es der Merkel-Union gelingen wird, neue und städtische Wählerschichten dauerhaft zu gewinnen. Sicher scheint eher, dass sie die ländlichen und bislang treuen Wählerschichten mehr und mehr verliert, weil sich dort die Frage herumspricht, was denn an der Union letztlich wirklich noch christlich, was an ihr unterscheidend besser sein soll als anderswo. Noch wird an der Parteichefin keine grundsätzliche Kritik, wenigstens nicht offen, geübt. Doch nicht nur vereinzelt wird, zum Teil schon mit einem resignierenden Schulterzucken, angemerkt, mit und nach Merkel sei diese Partei nicht mehr die wirkliche CDU. Und gelegentlich wird angefügt, dass diese Frau das C inhaltlich entleere und ihre Partei in der Nach-Merkel-Zeit gerade deshalb in ein tiefes Loch fallen werde.

Sicher: Der Einfluss der Kirchen hat insgesamt eher abgenommen in der deutschen Gesellschaft. Aber der Parteichefin, die möglicherweise ein tiefsitzendes Problem mit der katholischen Kirche und deren immer wieder erkennbaren Klarheit in Grundpositionen hat, scheint es nicht ganz klar zu sein, dass nach wie vor unter den Mitgliedern der CDU das Verhältnis der Katholiken zu den Protestanten 3:1 ist und bislang Dreiviertel aller katholischen Christen, die sonntags regelmäßig zum Gottesdienst gehen, genau diese Partei wählen – oder wählten. Da ist es nicht ganz unwichtig, wenn sich unter ihnen herumspricht, aus der CDU Konrad Adenauers sei eine sozialdemokratisierte Partei mit einer Beliebigkeit der Werte geworden.

Es ist in diesem Zusammenhang bemerkenswert, wie sehr sich die heutige Kanzlerin Anfang der 90er-Jahre gegen die Gründung eines Katholischen Arbeitskreises in der Union wehrte. (Der Autor weiß, wovon er redet. Damals hat er in einigen Beiträgen in der Wochenzeitung „Rheinischer Merkur“ auf die Geschichte des Evangelischen Arbeitskreises [EAK] hingewiesen und daran erinnert, dass dieser als eine Art Gegengewicht zur rheinisch-katholisch dominierten CDU ins Leben gerufen worden war.) Jetzt, nach der Wende, in der auch die CDU diese katholisch-rheinische Dominanz verloren hatte und Deutschland nach Aussage eines damaligen CDU-Generalsekretärs östlicher und heidnischer wurde, sei es an der Zeit, in ökumenischer Eintracht einen Katholischen Arbeitskreis in der CDU zu schaffen, der mit dem EAK in vielen grundsätzlichen Wertefragen selbstverständlich zusammenarbeiten sollte. Für das Profil der Union, so die damalige kühne Behauptung, könne eine solche Plattform des C noch einmal wichtig werden. Andernfalls sei es durchaus schwieriger, das Verblassen des C signifikant durch eine Profilierung des C zu ersetzen.

Angst vor einem Katholischen Arbeitskreis

Unvergessen bleibt der Anruf der damaligen EAK-Vorsitzenden und Bundesministerin in der Redaktion. Sie wollte unbedingt wissen, wer da mittels seiner Feder für Unruhe sorge. Im Besprechungszimmer der Ministerin an der Godesberger Kennedyallee vertrat Angela Merkel engagiert ihre unumstößliche Überzeugung, es bedürfe eines solchen Katholischen Arbeitskreises nicht. Als Begründung führte sie wortreich und sehr selbstbewusst ihre persönliche protestantisch geprägte Ostidentität an, die nun berücksichtigt werden müsse. Das war durchaus beeindruckend. Für Merkel verblüffend bekam sie ebenfalls wortreich von ihrem Gesprächspartner eine rheinisch-katholische Westidentität präsentiert, die genauso Berücksichtigung im wiedervereinten Deutschland verlange. So endete das Gespräch mit Verständnis und Respekt. Aber es war nicht gelungen, sie darüber hinaus für die Idee eines Katholischen Arbeitskreises in der Union zu gewinnen. Leider.

Wer diesen Kreis, dessen zwölf Gründungsfiguren rund um Bernhard Worms sich immer wieder im Bonner Arbeitsministerium trafen, letztlich mehr verhindert hat – Wolfgang Schäuble oder Angela Merkel –, lässt sich nicht genau ausmachen. Als Ersatz, der aber nie zu einem wirklichen Ersatz wurde und bis heute in Berlin ein nettes, aber unbedeutendes Schattendasein der Unverbindlichkeit pflegt, gab es dann noch zu Bonner Zeiten den ins Leben gerufenen, freilich nicht partei- oder fraktionsoffiziellen Kardinal-Höffner-Kreis (KHK). Namensgeber war für die überzeugten Katholiken, zu denen Abgeordnete, Unternehmer und Publizisten zählten, der verstorbene große Sozialethiker und Kölner Erzbischof Joseph Kardinal Höffner. Der KHK lädt mit seinem freundlichen Vorsitzenden Georg Brunnhuber MdB gelegentlich zu einem Mittagsplausch in die Parlamentarische Gesellschaft ein und bietet Vorträge an. Einfluss hat er aber keinen. Heute bedauern nicht zuletzt Mitarbeiter des EAK, dass es kein katholisches Pendant gibt und man in Fragen des C ziemlich alleine auf weiter Flur stehe. Die damalige Ängstlichkeit vor einer das evangelische Profil verstärkenden katholischen Plattform mit ähnlich offiziellem Charakter innerhalb der Partei erweist sich heute als schwerer Fehler. Es ist fraglich, ob unter Angela Merkel der Mut gefunden wird, diese sträfliche Lücke im Parteienprofil zu schließen.

Persönlicher Ehrgeiz über allem?

Fehlverhalten und Koordinatenverschiebungen gibt es nicht nur im Umgang mit einem Kirchenoberhaupt, das man nun einmal nicht so behandeln kann wie ein Mitglied des Parteivorstands und dessen Amt nicht unbedingt auf Augenhöhe mit dem des deutschen Kanzlers ist. Defizite und Paradigmenwechsel lassen sich auch in anderen, bereits angeschnittenen Punkten beobachten. Ganze Generationen von Junge Union haben einmal gegen „Verstaatlichung" und „Enteignung" als Inbegriff des Kommunismus und Gegenteil der christlich geprägten Sozialen Marktwirtschaft gekämpft – um sich jetzt von „ihrer" CDU-Kanzlerin die Verstaatlichung und Enteignung einer Bank vorschlagen zu lassen. Merkelscher Pragmatismus, der keine Grundsätze und Überzeugungen mehr kennt? Wendemanöver in jede Richtung, wenn es denn sein soll? Werterelativismus nach Merkelscher Art? Hat sie die Grundwerteorientierung ihrem eigenen Ehrgeiz untergeordnet? Ist unter ihr eine ganze Partei, die das einst nicht nötig hatte, dazu verdonnert, dem Zeitgeist hinterherzulaufen und sich in der Diktatur des Relativismus zu verkleben? Wie „gefährlich" ist das Phänomen Merkel für die Union? Wer ist sie, über deren Engagement in der FDJ der DDR bis heute reichlich wenig bekannt ist und deren Einsatz in der DDR-Akademie der Wissenschaften noch immer im Dunkeln liegt, eigentlich?

Niemand sonst hat sich in den vergangenen Jahren so intensiv mit dieser Politikerin befasst wie der Bonner Politikwissenschaftler Gerd Langguth. Obwohl CDU-nah, ist er doch unbestechlich in seinem Blick auf eine Frau, die von den einen gefürchtet und von anderen geliebt wird. Wofür steht diese Angela Merkel? Was charakterisiert sie? Was steckt dahinter, wenn Angela Merkel sich vor den Journalisten präsentiert mit der Bemerkung: Meine Damen und Herren, dabei geht es nicht um Parteien, es geht nicht um Karrieren, um „er oder ich" oder „er oder sie", es geht um etwas anderes: Wir wollen Deutschland dienen, ich will Deutschland dienen?

Merkel hat zweifellos, was jeder gute Machtmensch haben muss: einen „unbedingten Willen zur Macht". Auch Helmut Kohl und Gerhard Schröder hatten den. Und wer Merkel aus der Nähe kennt, weiß nur zu gut, wie diese zunächst scheue und unscheinbare junge Ostfrau von Helmut Kohl gelernt hat. Ihr Gespür für Macht, wozu das Nutzen des richtigen Augenblicks gehört, bewies sie 1999, als sie sich ebenso berechnend wie kaltschnäuzig von der Generalsekretärin der CDU unter dem Parteivorsitzenden Schäuble zu dessen Nachfolgerin während der Parteispendenaffäre katapultierte. Die Tatsache, dass ihr Förderer und Alt-Kanzler Helmut Kohl angeschlagen war, nutzte sie zielgenau für sich aus. Mit einem Namensartikel in der „Frankfurter Allgemeinen Zeitung" hatte sie einerseits die CDU von Helmut Kohl abgerückt, und indem sie einen Konflikt zwischen Kohl und Schäuble inszenierte, gelang ihr als lachender Dritter der Gewinn der Macht. Gerd Langguth beschreibt das so: Sie wurde immer unterschätzt, sie wusste immer um den nächsten Schritt, und den ist sie dann konsequent gegangen. Denken Sie an den Scheidebrief an Helmut Kohl vom 22. Dezember 1999 in der „Frankfurter Allgemeinen Zeitung". Sie hat im Wissen, dass Schäuble das Parlament belogen hat, hier einen Artikel geschrieben, der Schäuble und Kohl gegeneinander aufbrachte. Beide Herren haben sich so bekämpft, dass dann der eine den Ehrenvorsitz der CDU, der andere den Fraktions- und Parteivorsitz der CDU losgeworden ist. Weil sie wusste, dass Schäuble irgendwann scheitern musste, deswegen hat sie diesen Artikel geschrieben. Das heißt: Sie entscheidet schon hart und konsequent, wenn es sein muss.

Niemals zeigen, was man wirklich denkt

Angela Merkel strebte früh nach Macht, und sie gibt das auch gerne zu. Aber ihren Biografen fällt auf, dass sie die Frage, wozu denn eigentlich Macht, niemals wirklich beantwortet hat. Auch für ihre Weigerung, sich wirklich dauerhaft festzulegen, klar und deutlich Position zu beziehen, findet Gerd Langguth Erklärungen in ihrer Lebensgeschichte. Sie habe als Teil der Gefahrenabwehr in der DDR-Diktatur gelernt, nie zu zeigen, was sie wirklich denkt.

Angela Merkel gilt nicht als Ideologin. Sie kann, wie man in der Wirtschafts- und Finanzkrise beobachten konnte, selbst grundsätzliche Positionen um 180 Grad drehen. Begriffe wie „Soziale Marktwirtschaft" und notfalls auch „Verstaatlichung" gehen ihr gleichermaßen locker über die Lippen. Es ist daher schwer zu klären, inwieweit sie christdemokratisch oder/und konservativ ist. Langguth beschreibt das wie folgt: Dies ist eine generelle Frage: Was ist eigentlich heute in einer Zeit der Säkularisierung noch typisch christdemokratisch oder typisch sozialdemokratisch? Sie entspricht in ihren politischen Grundüberzeugungen eigentlich sogar sehr viel stärker dem normalen Typus des Wechselwählers, der auch in vielen Punkten gar nicht so sehr festgelegt ist. Sie kann sehr schnell, wenn es sein muss, inhaltlich die Positionen wechseln. Sie ist unideologisch und sie ist pragmatisch. Das ist ein Vorteil, aber auch zugleich ein Nachteil. Denn natürlich muss sie auch als Parteivorsitzende einer christlich-demokratischen Partei dieser ein prägnantes christlich-demokratisches Profil geben.

Müsste sie, wenn sie denn wollte – möchte man ergänzen. Der Politikwissenschaftler nennt Anfang 2009 Angela Merkel in der Wochenzeitung „Rheinischer Merkur" eine „gefesselte Kanzlerin", der es in den Bankenkrise auf beeindruckende Weise gelungen sei, in der Bevölkerung hohes Ansehen zu genießen. Sie sei – im Gegensatz zum bayerischen CSU-Regierungschef Horst Seehofer – kein Populist, doch habe sie eine

„seherische Fähigkeit zum Erkennen des Populären entwickelt". Merkel sei „flink in der Analyse der politischen Situation, die sie jeweils machtpolitisch prüft".

Keine große Vision

Mit ihrem „unbedingten Willen zur Macht" sieht sie sich als „Problemlöserin, will sich durch Spitzenleistung verwirklichen und sucht Selbstbestätigung in der von anderen anerkannten Leistung". Es wäre jedoch falsch, ihr politische Grundüberzeugungen abzusprechen: „Sie zeigen sich beim Wert der Freiheit, in der Europapolitik, aber auch im Verhältnis zu den USA, zu Israel und dem Judentum. Doch zugleich ist sie als ‚ideologiefreie' Wissenschaftlerin eine Generalistin ohne historische Fixierung. Als ‚gelernte' Christdemokratin" unterschätze sie allzu leicht die Bedeutung lang tradierter Erfahrungen. Das „schlägt sich auch in immer weniger sichtbar werdenden Konturen etwa zur Ordnungspolitik der Partei Ludwig Erhards nieder, für den Mindestlöhne undenkbar gewesen wären. Das ist Merkels Achillesferse." Dennoch oder gerade deshalb, so der Bonner CDU-Experte: Ihre Ideologielosigkeit könne in der politischen Welt der Gegenwart „auch als ihre Stärke interpretiert werden, weil die Zeit der ideologischen Überhöhung der Politik vorbei und politische Beweglichkeit gefordert" sei. Merkel sei nicht nur eine „Virtuosin des eigenen Machterhalts". Mit ihrem Politikstil zeige sie zugleich, dass ihr die alten Kämpfe der Bundesrepublik (West) fremd seien.

Eine große politische Vision hat Angela Merkel nicht. Sie arbeitet. Sie erhält ihre Macht. Sie will die Tagesaufgaben lösen. Sie ist nüchtern. Aber nicht zuletzt deshalb wächst mit ihr und durch sie die Gefahr, dass viele Wähler ihre Partei eines Tages als zweite sozialdemokratische Partei ansehen und Stammwähler nicht wählen gehen. Das mag sich wegen einer gerade in diesen Kreisen noch vorhandenen Loyalität der Treue vielleicht nicht sofort zeigen, aber es wird zunehmend zu einem Problem für die Union, die ja bereits im Frühjahr 2009 in der Wählergunst keinen Zugewinn erzielen konnte. Wenn die FDP diese Profillücke bei ihrem politischen Lieblingspartner noch mutiger erkennt und durch eigenen Profilzuwachs verdeutlicht, wird es aber schon bald zu einem echten Problem für Merkels CDU werden können. Die Sphinx im Kanzleramt, wie sie bereits genannt wurde, die durch ihren unübertroffenen Machtinstinkt womöglich länger regieren könnte als Helmut Kohl, darf das Enttäuschungspotential bei denen, die ihr wegen der Überzeugung nicht besonders nahe am Herzen liegen, nicht leichtsinnig unterschätzen.

Systematisch konservatives Profil vernichtet

Mag es da nicht auch leichtsinnig sein, dass Angela Merkel alle profilierten Gesichter eines erkennbar aufgeschlossenen Konservatismus von der Bildfläche verdrängt hat? Ist es – für die Partei, die eben genau von und mit diesem Profil als Unterscheidung und Weitung gegenüber anderen Parteien – mittel- und langfristig nicht geradezu töricht, dass diese Parteivorsitzende dafür sorgt, dem bunten und vielfältigen Mosaik der Union dauerhaft jene Farbtupfer zu nehmen, die mehr als Farbtupfer sind? Ist es gut, wenn dieses demokratische Element vernachlässigt wird im Parteienspektrum? Ist es klug, dass man beispielsweise in der Familienpolitik dasselbe macht – und zwar ausschließlich – wie Rot-Grün?

Nur energischer? Ist es gut, wenn es nur noch eine nach links gerückte, undefinierbare politische Mitte gibt?

Matthias Geis nannte in Zeit-online die Union „schockierend modern" und warnte, dass „das Gedränge in der Mitte und der verwaiste Platz auf der rechten Seite des Parteienspektrums durchaus problematisch" sei. Wenn die Union das Konservative bewahren und als Chance für morgen wiedergewinnen will, dann geht es nicht um eine „Ideologie der Beharrung", sondern um eine „politische Haltung zu den Problemen". Und die, so der Kollege, „werden ja nicht langweiliger, sondern – im Gegenteil – existenzieller: Klimawandel, Demografie, internationale Verantwortung". Deshalb seien „Ernsthaftigkeit, Entschiedenheit und politische Führungsstärke, allesamt konservative Tugenden, durchaus zeitgemäß".

Ein anderer findet da sehr viel stärkere Worte. Wulf Schönbohm, Reserveoffizier und Politologe, war von 1968 bis 1978 Mitglied aller Programmkommissionen der CDU und zählte seitdem zu den Reformern in der CDU und leitete von 1983 bis 1989 die Grundsatz- und Planungsabteilung in der CDU-Geschäftsstelle. Er warnte schon im Sommer 2007 in WELT-online, die Kanzlerin führe die CDU in den Niedergang. Sie ruiniere das konservative Profil der Union und mache sich zum blinden Erfüllungsgehilfen der linken Mitte – auch auf Kosten ihrer eigenen Pateifreunde. Wenn dies so weitergeht, werde die Union in der politischen Einheitssoße der Republik versinken. Der CDU-Mann sieht das deutsche Parteiensystem ernsthaft erkrankt „und die CDU erstmalig auch". Dafür verantwortlich macht er vor allem Angela Merkel. Und dabei nennt er unter und neben anderen gravierenden Fehlleistungen wieder einmal die „familienpolitische Wende, die Frau von der Leyen unter Angela Merkel eingeleitet hat", die „einem original sozialdemokratischen Konzept, das immer dem Individuum misstraut und stattdessen auf den Staat gesetzt hat“, entspreche: „Der geplante Krippenausbau erfolgt ohne präzise Nachfragedaten und ohne jemals die Alternative zu erörtern, nämlich den Eltern das entsprechende Geld in die Hand zu geben, sodass sie eine Tagesmutter oder mit anderen Eltern zusammen eine Kinderkrippe finanzieren können. Und dass Frau von der Leyen eine Geldzahlung an die Mütter, die in den ersten Jahren ihr Kind lieber selbst zu Haus versorgen und erziehen wollen, ablehnt beziehungsweise ihnen nur Gutscheine geben will, passt dazu: Unter Berufung auf entsprechende Einzelfälle traut sie es allen Müttern nicht zu, dass sie das Geld sinnvoll für das Kind ausgeben. Aber warum zahlt die Familienministerin dann noch das Kindergeld ohne jede Vorbedingung an die Eltern aus? Ist die bisherige Position der CDU plötzlich falsch, dass ein Kleinkind besonders seine ersten Jahre bei den Eltern verbringen sollte? Und könnte man von Frau von der Leyen nicht erwarten, dass sie einmal wenigstens die große Leistung der Mütter lobend erwähnt, die in der Vergangenheit wegen ihrer Kinder zu Hause geblieben sind oder halbtags gearbeitet haben? Schließlich haben davon Millionen Kinder profitiert.“ Denn die Frage, ob es zukunftsweisend und im Interesse von Kindern, insbesondere von Familien mit mehreren Kindern, ist, dass die Mutter so bald wie möglich wieder voll erwerbstätig wird, sei noch keineswegs positiv beantwortet.

Eine klaffende Profillücke

Es stimmt ja: Zu den Stärken der Union zählte in der Vergangenheit immer die „politische und personelle

Repräsentation liberaler, christlich-sozialer und konservativer Strömungen". Schönbohm hätte es sich „niemals träumen lassen, dass ich als ehemaliger Reformer in der CDU jemals in meinem politischen Leben dafür plädieren würde, ausgerechnet das konservative Profil der Union stärker hervorzuheben. Doch das ist jetzt notwendig, denn das politische Profil der Union verschwimmt zunehmend in einer gefühligen, scheinliberalen Politische-Mitte-Soße, angereichert durch technokratische Einsprengsel, die sie aber auch nicht schmackhafter machen. Angela Merkel muss das konservative Profil der Union stärken und sich dafür Gefolgsleute suchen. Sie sollte sie dazu ermuntern und nicht im Regen stehen lassen. Sarkozy hat es in Frankreich vorgemacht, wie man mit einer durchaus kontroversen rechten Mitte-Politik erfolgreich Wahlkampf führen kann."

Es sind alarmierende Anzeichen, wenn – wie im Frühjahr 2009 immer wieder und mit wachsender Deutlichkeit geschehen – selbst von CDU-Ministerpräsidenten harte Worte in Richtung der Kanzlerin gefunden werden, die ja auch noch Parteichefin ist. Die Mittelstandsvereinigung der Schwesterpartei CSU erkannte ziemlich deutlich, dass die Union keine Orientierung mehr biete. Das bezog sich auf das Wirtschaftsprofil der Partei, das eben auch nicht mehr erkennbar sei. Fallende Umfragewerte sind vielleicht das probateste Mittel, um über das eigene Profil nachzudenken. Diese waren der Auslöser im März 2009 für so manch klares Wort, das man sich als Wähler eher gewünscht hätte. Immerhin. Es kamen Forderungen. Und zwar, nachdem der Deutschlandtrend zum wiederholten Male eine Abwärtsbewegung der Union und einen Aufwärtstrend der Freien Demokraten ausmachte. Der baden-württembergische Landeschef riet gar der Parteichefin, endlich einmal zu zeigen und zu erklären, was Union pur sein soll. Sein stellvertretender Landesparteivorsitzender wagte in einem Zeitungsinterview den Hinweis, dass viele Menschen nicht mehr wissen, wofür die CDU stehe. Es sei dann eine konsequente Folge, dass „die Akzeptanz eher sinkt als steigt".

Nur Amtsinhaberin

In der Frankfurter Allgemeinen Sonntagszeitung schrieb Gertrud Höhler im März 2009 zur Kanzlerin und zur CDU: „Die Krise der CDU kann nicht die Kanzlerin lösen, weil sie Teil des Problems ist. Sie kann genau deshalb nach der nächsten Wahl in verschiedenen Konstellationen weiterregieren. Ein klares Profil wäre da nur hinderlich. Merkel setzt auf Überleben durch Anpassungsintelligenz. Warum heute Positionen besetzen, die sie morgen wieder verlassen wird?" Und dann, sehr deutlich: „Das Karrieremodell der Kanzlerin schluckt das Profil der CDU."

Ja, das ist die Problemfalle, in die die Partei mit ihrer Vorsitzenden getappt ist. Böse Zungen behaupten gar, sie und ihre Familienministerin seien letztlich nichts anderes als Geschlechtsfunktionärinnen, denen es beinahe ausschließlich um die ureigenste Biografie gehe. Ob man so weit gehen muss, sei dahingestellt. Sicher hingegen ist eine andere Beobachtung. Mit Angela Merkel gibt es erstmals einen neuen Typ des Kanzlers in Deutschland. Im Kanzleramt gab es Staatsmänner – und Kanzler. Adenauer, Brandt, Schmidt und Kohl waren Persönlichkeiten, Staatsmänner, die Deutschland regierten. Erhard, Kiesinger und Schröder waren „nur" Kanzler. Die Nachfolgerin des letzten Kanzlers aber ist nur noch Amtsinhaberin. Sie ist als Bundeskanzlerin eher eine Bundesmanagerin. Eine machtbewusste und misstrauische dazu. Eben ein „Karrieremodell“ ohne klares Profil. Ein Modell, welches das Profil „ihrer“ Partei schluckt.

Merkel kann auch sehr klar sein

Dabei kann auch Angela Merkel klare Worte sagen, die man allerdings suchen muss und die – leider – nicht zu jenem Repertoire gehören, das viele mit ihr verbinden. Im September 2007 sprach sie anlässlich des Grundsatzprogrammkongresses der CDU Deutschlands in Hanau in Anwesenheit von Roland Koch unmissverständlich. Unter anderem sagte sie: „Wem sein Land am Herzen liegt, der muss bereit sein, auch in schwierigen Situationen für Grundsätze einzustehen. Genau das muss die Christlich-Demokratische Union immer auszeichnen.“

Ja, auch das kann O-Ton Merkel sein! Wie auch dies: „Wir wissen also aus unserer Geschichte: Wer Politik für Deutschland machen will, der braucht klare Grundsätze.“ Tatsächlich umschiffte sie hier dann auch nicht die Grundsatzfragen, die einem engagierten Christen sofort in den Kopf kommen. Mehr noch: Angela Merkel wurde sehr grundsätzlich und – zeitlich nicht allzu weit entfernt von einer Debatte zur Stichtagsverschiebung – anscheinend unumstößlich überzeugt. Die Passage aus dem Redemanuskript, das als Transkription der Tonbandaufzeichnung redigiert und leicht gekürzt wurde, sollte man ungekürzt lesen, denn auch das kann Angela Merkel: „Was zum Beispiel bedeutet es heute, die Würde des Menschen zu schützen angesichts von völlig neuen technischen, wissenschaftlichen Möglichkeiten, den Menschen zu beeinflussen, zu verändern und ihn auch zu manipulieren? Für uns heißt die Antwort: Auch wenn der Mensch mehr kann, als ethisch verantwortbar ist, so gibt es doch Grenzen durch den Schutz der Würde des Menschen, zu der wir uns aus unserem Menschenbild heraus bekennen. Diese Grenzen müssen eingehalten werden. Es gibt keinerlei Legitimation, die Würde des Menschen infrage zu stellen. Das beginnt am Anfang des Lebens, das leitet uns bei der Diskussion zur Begrenzung der Forschung an Stammzellen und das endet in einem würdigen Ende des Lebens, bei dem für uns aktive Sterbehilfe nicht in Frage kommt."

Das sind Formulierungen, wie man sie von einer Parteivorsitzenden der Christlich-Demokratischen Union erwarten darf und erwarten muss! Bloß: Es stellt sich gelegentlich die Frage, ob die von einer Parteiführerin als Kanzlerin umgesetzte Politik diesen Grundsätzen entspricht oder nicht. Volker Kauder, der Vertraute der Kanzlerin und Fraktionsvorsitzende der Union im Deutschen Bundestag, meinte in einem Zeitungsgespräch einmal darauf hinweisen zu müssen, dass es Union pur halt in einer Koalition nicht geben könne. Wohl wahr. Aber darf es innerhalb der Union denn Union pur geben? Muss es sie da nicht geben können? Darum geht es denen, die sich die Frage nach der Christlichkeit der Union erlauben und denen diese Frage wirklich wichtig ist.

Der Apostel Paulus und die Union

Ronald Pofalla, der überambitionierte Generalsekretär an Merkels Seite, hat einmal im Blick auf das Grundsatzprogramm seiner Partei selbstbewusst formuliert, man habe sich die „programmatische Tradition gründlich angeschaut, alles geprüft" und sei „glücklich, einen so reichen Schatz mitnehmen zu können". Sein Leitmotiv für die Grundsatzarbeit sei von Beginn an gewesen: „Prüfet alles, das Gute bewahret."

Das ist wahrlich ein sehr guter Grundsatz für einen christlichen Politiker. Der CDU-Generalsekretär wird wissen, dass dieses Leitmotiv vom großen und wortgewaltigen Völkerapostel Paulus stammt und seinem Brief an die Gemeinde der Thessalonicher entnommen ist. Man möchte dem Generalsekretär applaudierend zustimmen, dann aber die Umgebung des Zitates nicht verschweigen. Könnte es nicht sein, dass hier eigentlich in Kurzform steht, was C-Politiker sowieso tun sollten? Da heißt es: „Betet ohne Unterlass! Dankt für alles; denn so will es Gott von euch in Christus Jesus. Löscht den Geist nicht aus! Verachtet nicht prophetisches Reden! Prüft alles und behaltet das Gute! Von jeder Art des Bösen haltet euch fern!"

Starke Worte für eine Partei mit starkem Anspruch. Ist nicht schon viel Geist ausgelöscht worden? Hat man sich wirklich stets von jeder Art des Bösen ferngehalten? Und was das prophetische und gelegentlich unbequeme Reden angeht: Sind Kritiker, die es trotz harter Kritik letztlich gut meinen, denn willkommen? Es deutet auch einige Jahre nach der konstruktiven Kritik von Schönbohm wenig bis nichts darauf hin, dass Angela Merkel die wesentlich von ihr mitverursachte Profillücke schließen will. Noch scheint die Notwendigkeit nicht dringlich genug zu sein. Denn noch schaffen es die vielen kleinen alten und neuen Gruppierungen nicht, sich als eine moderne, aufgeschlossene und christlich profilierte Partei zu präsentieren, die für engagierte Christen interessant sein könnte und sichtbar werden ließe, dass es eine zukunftsstarke und menschengerechte Politik aus christlicher Verantwortung ohne Verklemmung und ohne Scheuklappen mit der

Offenheit auf ein besseres Morgen geben kann. Spätestens nach Merkel wird sich diese Notwendigkeit wie von selbst ergeben. Vielleicht schon früher. Wie formulierte es der CDU-Reformer Schönbohm 2007: Und dann gute Nacht, Union.

Keine Kompetenz zur Freiheit

Angela Merkel ist als CDU-Vorsitzende in der Rolle der Amtsinhaberin im Kanzleramt irgendwie auch eine Gefangene. Aber wer genau hinschaut, entdeckt in der Weise, wie sie Kanzlerin ist, auch den Kern ihres Wesens als CDU-Vorsitzende. Denn zur Wahrheit gehört nicht nur, dass sie keine wirkliche Kompetenz in Wirtschaftsfragen hat, sondern auch letztlich keine große Kompetenz für Freiheit. Sie ist eine durch ihre DDR-Biografie selbstverständlich geprägte Machtfrau, die mehr als drei Jahrzehnte in einem Kontrollstaat lebte, damit zurechtkommen musste und erfolgreich zurechtkam, es dort sogar bis zur Ausbildungselite schaffte. Sie ist, anders als etwa Adenauer und Kohl, keine Kanzlerin der Freiheit *und* der Sicherheit. Sie ist lediglich eine Kanzlerin der Sicherheit – und der Gleichheit. Unter ihrer Verantwortung kam es zum sogenannten Antidiskriminierungsgesetz, was als Gleichbehandlungsgesetz letztlich ein Gleichheitsgesetz ist. Auch deshalb, weil sie keine wirkliche Kompetenz zur Freiheit verkörpert, fehlt mit und durch diese Vorsitzende der Christlich-Demokratischen Union Deutschlands Wesentliches vom C. Wie Adenauer durch seine Biografie ein Kanzler der Freiheit in Sicherheit aus christlicher Verantwortung für ein ganzes Volk wurde, so prägt seine späte Nachfolgerin ebenfalls die eigene Biografie, in der eine gewisse Wendigkeit als Anpassungsintelligenz zum persönlichen Erfolg führte.

Und noch etwas: Auch ihre außenpolitische Aktivität, die ihr immer wieder eine gewisse Bürgerferne vom eigenen Volk ermöglicht und letztlich nicht viel mehr ist als eine Beziehungspolitik zu mächtigen Männern dieser Welt, kann letztlich nicht darüber hinwegtäuschen, dass wichtige Hausaufgaben von der Frau, die einmal als Reformkanzlerin antrat, nicht gemacht wurden. Die sozialen Sicherungssysteme wurden nicht gesichert. Gesundheitsreform? Fehlanzeige. Rentenreform? Fehlanzeige. Arbeitslosenversicherungsreform? Fehlanzeige. Im Gesundheitssystem kam es mit dem Gesundheitsfonds lediglich zu einem gewagten und fragwürdigen Großversuch auf Kosten des Volkes mit ungewissem Ausgang. Die pragmatische, anpassungsfähige wie anpassungsstarke und visionsfreie Bundesmanagerin hat viele Fähigkeiten. Leider aber wohl nicht wirklich eine im C verankerte Kompetenz zur Freiheit.

„Mal dies, mal das"

Angela Merkel spricht gelegentlich gerne von den drei Wurzeln der CDU: christlich-sozial, konservativ und liberal. Doch eine CDU-Chefin, die allen Ernstes in einer Sonntagabend-Talk-Sendung über sich verrät, dass sie „mal liberal, mal konservativ und mal christlich-sozial" sei, offenbart leider auch, dass sie die Kern-Identität der Union nicht verstanden hat. Denn aus den drei Wurzeln sind nicht drei verschiedene Bäume entstanden, auf die man je nach Thema hüpfen kann. Entstanden ist ein einziger, kräftiger und bestens verwurzelter Baum mit großer Krone, der sich aus eben jenen drei Wurzeln speist. Man kann nicht „mal liberal, mal konservativ und mal christlich-sozial" sein, jedenfalls nicht als Parteiführerin dieser Union. Aus den Wurzeln ist ein einziges starkes Gewächs geworden. Adenauer und Kohl hätten noch gewusst, dass es nicht um ein „oder", sondern um ein „und" geht. Liberal und konservativ und christlich-sozial – das macht die Einzigartigkeit der Union aus. Wer an der Spitze meint, aus dem Und ein Oder machen zu können, verrät nicht nur etwas über die eigene Wandlungsfähigkeit im Umgang mit Teilprofilen, sondern offenbart auch machtvolle Defizite im Kern-Verständnis der „eigenen" Partei. Auch ein Vorsitz kann auf Dauer nicht darüber hinwegtäuschen, dass die eigene Partei möglicherweise weniger die eigene ist, als das auf den ersten Blick zu vermuten ist. Denn wer das Profil aufsplitten will in verschiedene, voneinander getrennte Nebeneinander, macht die Frage nach dem C und dem modernen Konservatismus – gewollt oder nicht – zur Gretchenfrage der Union. Ein langjähriges Mitglied des Parteipräsidiums, jemand, der die derzeitige CDU-Chefin lange genug erleben und beobachten konnte, hat die Erkenntnis gewonnen, dass die Vorsitzende die Partei und ihren Kern bis heute nicht verinnerlicht hat. Für Merkel sei „die Partei nichts als ein Instrument". Und dieses Instrument benutze „sie lediglich für sich". Ist Gretchen selbst die Gretchenfrage? Angela Merkel ist für die CDU also weit mehr als ein cooles Phänomen.

Offene Fragen

- ▷ Wofür steht Angela Merkel – außer für sich selbst?
- ▷ Was verbindet die C-Chefin mit dem C?
- ▷ Welche Grundsätze hat sie wirklich?

Worauf es ankommt

Im C ist Zukunft

Es kann aus christlicher Sicht im strengen Sinne des Wortes keine christliche Politik geben. Wohl aber eine Politik aus christlicher Verantwortung. Ersteres wäre ein Fundamentalismus, der unchristlich wäre. Doch eine Politik aus christlicher Verantwortung ist eine Politik mit einem erkennbaren und berechenbaren Fundament, das allen Überzeugungen den Einsatz für Freiheit, Toleranz und Verantwortung anbietet. Dafür könnte die Union stehen. Nein, dafür muss die Union stehen. Es ist ihre Existenzberechtigung. Sie braucht diesen Transmissionsriemen in die ganze Gesellschaft. Mit Angela Merkel hat sich der Erkennungsfaktor jedoch verflüchtigt. Sie hat viel getan, dass aus der Union eine Jedermann-Partei geworden ist, eine Partei des Gleichgültigen, in der alles gleich gültig ist. Doch da Angela Merkel ein Gespür für Stimmungen hat, ist nicht ganz ausgeschlossen, dass sie diesbezüglich dazulernen könnte.

Mehrheit und Wahrheit

Christen, erst recht solche, die in einer C-Partei tätig sind, müssen wissen, dass politisches Engagement es mit dem Vorletzten zu tun hat. Das Paradies auf Erden gibt es nicht, kann es nicht geben. Wer anderes behauptet, will verführen beziehungsweise ist verführt worden, erliegt der Ideologie und muss letztlich bitter enttäuscht werden. Und so sind Christen, die um die Begrenztheit dieser Erde wissen und sich trauen, das Vorletzte als Vorletztes zu erkennen durch den Blick auf die vorgegebenen Maßstäbe und Werte, eigentlich immunisiert gegen gefährliche Ideologien und noch so verführerische Irrwege. So gesehen ist es nur gut, dass Angela Merkel keine Ideologin ist. Wer weiß, dass die Welt nicht alles ist, wird von der Welt auch nicht alles erwarten. Wer weiß, dass dieses Leben *sub specie aeternitatis* steht, wird realistisch und – im guten Sinne – gelassen. Und das macht frei zum Engagement.

Weil die den Christen anvertraute Lehre nur Sinn macht, wenn sie im Leben des Menschen zur Entfaltung kommt, wenn sie also aus der Theorie in die Praxis steigt und gleichsam aus dem Wort zum Fleisch mutiert, bleibt die Erkenntnis, dass es letztlich keine christliche Politik, wohl aber eine Politik aus christlicher Verantwortung geben kann. Auch wenn noch so viele Lehrschreiben und kluge Bücher den Eindruck erwecken, es handele sich beim Christlichen um ein theoretisches Konzept – das Christliche verlangt nach Konkretion, verlangt nach Aposteln, die zum Handeln bereit sind. Das christliche Menschenbild, das an der Gottesexistenz hängt, will seine Gültigkeit bis in kleinste Entscheidungen im Alltag.

Dennoch bleibt ein Spannungsverhältnis zwischen Glaube und Politik, weil der Glaube von einer Wahrheit ausgeht, die sich der mehrheitlichen Abstimmung entzieht, und die Politik die Kunst des Möglichen ist, die nicht wahrheitsfähig wird. Es bleibt die Diskrepanz zwischen Wahrheit und Mehrheit, zwischen Offenbarung und Erfolgsabhängigkeit. Der frühere Aachener

Bischof Klaus Hemmerle formulierte das so: Weil die Politiker „ihre Politik an Maßstäben orientieren, kann ihnen der Erfolg nicht alles sein. Weil es aber Politik ist, was sie an diesen Maßstäben orientieren, können eben diese Maßstäbe nicht alles sein; diese müssen ja zum Zuge kommen, umgesetzt werden, in gesellschaftliche und politische Wirklichkeit. Dann aber muss den Politikern an ihrer eigenen politischen Effizienz liegen. Gewiss wäre es fatal, wenn sie mit der Berufung auf Grundsätze nur ihr Streben zum Erfolg verbrämten. Wäre es indessen nicht auch fatal, wenn sie um der Reinheit ihrer Grundsätze willen darauf verzichteten, dass wenigstens etwas von diesen Grundsätzen, wenigstens das Erreichbare, Mögliche, in die konkrete Gestalt der Gesellschaft eingeht?"

Macht kann gut sein

Wer Mehrheitsverhältnisse aus grundsätzlichem Erwägen missachtet, nimmt sich in der Demokratie zugleich die Möglichkeit, Macht zu bekommen. Diese aber braucht man, wenn man handeln will. „Das Gute zu suchen und die Macht zu verwerfen, kommt auf die seichte und eigenwillige Vorstellung hinaus, dass das Leben keine Bedingungen haben sollte", sagt Arnold Gehlen. Gleichwohl bleibt das Einweben des Christlichen in Politik und Gesellschaft notwendig und eine täglich neue Herausforderung. Ohne die Verantwortung vor dem Schöpfer, das belegen zahlreiche Erfahrungen der Menschheit, ist ein menschenwürdiges und in solidarischer Freiheit gestaltetes Leben der Beliebigkeit von Despoten ausgeliefert. Letztlich ist ohne Gott keine Humanität, streng genommen auch kein Humanismus überlebensfähig.

Das Christliche bedeutet nicht nur für mich in Politik und Gesellschaft das Ticket auf dem Weg zu einer Welt, in der vielleicht doch eines Tages etwas mehr Frieden in Freiheit möglich ist. Vor allem in einer demokratischen Gesellschaft bedarf es überzeugter Christen, die als Politiker in der Lage sind, ihr Engagement aus der Erkenntnis zu nehmen, dass und wie Verantwortung gegenüber einem, der Antwort einfordern kann, vor Ideologien schützt und gegen gefährliche Missverständnisse wappnet. Wir wissen doch: Freiheit gibt es nur als Freiheit von etwas, wenn sie zugleich Freiheit für etwas ist. Wenn eine vom Pluralismus gekennzeichnete Demokratie nicht im durch Egoismen produzierten Chaos und dann folgerichtig in der Anarchie versinken will, brauchen wir den gelebten Hinweis, dass sich Freiheit letztlich von ihren Grenzen her definiert.

Das gilt auch für die Demokratie, die nur eine solche bleibt, wenn ihre Teilnehmer berücksichtigen, dass der demokratische Rechtsstaat von vorgegebenen Werten lebt, über die er nicht mehrheitlich befinden kann. Ob jemand das Lebensrecht hat, kann nicht durch Abstimmung beschlossen werden. Das Recht auf Leben und die Unantastbarkeit der Würde eines jeden Menschen sind demokratischen Spielregeln entzogen, weil – nach christlicher Überzeugung – jeder Mensch ein Abbild Gottes ist und seine Würde an die Gotteswürde gekoppelt bleibt. Das aber ist ein unverzichtbarer Maßstab für Politik und Gesellschaft.

Bleibende Verpflichtung

1996 hat Johannes Paul II. sowohl im Olympiastadion als auch vor dem Brandenburger Tor über die Bedeutung des Christlichen in unserer Gesellschaft gesprochen. Es war beeindruckend, etwa die Feier im Berliner Olympiastadion mitzuerleben. Ausgerechnet an jenem Ort, wo der braune Diktator die olympische Jugend der Welt für sich vereinnahmt hatte, ausgerechnet hier sprach der Heilige Vater zwei katholische Priester selig, die unter schwierigsten Bedingungen und unter Einsatz ihres Lebens bewiesen hatten, dass christliche Werte immer eine Zukunft haben. Ohne Wenn und Aber.

Damals, als Karl Leisner und Bernhard Lichtenberg sich wie die meisten Katholiken dem Druck zur ideologischen Anpassung widersetzten, als sie – wie zahlreiche andere Christen auch – die Treue zu Gott höher hielten als jeden Versuch, in dieser Welt schon irgendwie klarzukommen, damals hätten vermutlich viele den auf diese Weise bekannten christlichen Werten im Tausendjährigen Reich keine große Zukunft eingeräumt. Aber: Im Reich des Todes bezahlten diese Christusnachfolger mit ihrem Leben – und wurden zu Zeugen des Lebens! Es wird eben stets deutlich: Wer Gott angreift, vergreift sich am Menschen. Und wer den Menschen und seine Würde tritt, vergreift sich an Gott.

Das tun weder die Union noch deren Vorsitzende. Aber das, was der politisch so wirksame und inzwischen verstorbene Papst damals in seiner Rede vor dem Brandenburger Tor sagte, sollte gerade den Deutschen gelegentlich durch den Kopf gehen. Denn gerade diese Rede des Papstes war nicht nur ein Plädoyer für die Zukunft der christlichen Werte in Deutschland und Europa. Sie war auch – sowohl von der Diktion als auch vom Aufbau her – eine eindrucksvolle Begründung der Notwendigkeit, warum die Werte eine Zukunft haben *müssen*. Johannes Paul II. sprach über Freiheit, wohlgemerkt an jenem Ort, wo sich wie an keinem anderen während der vergangenen Jahrzehnte das Scheitern der Freiheit, die Sehnsucht nach Freiheit und der Sieg der

Freiheit kristallisierten. Geschichte und Gegenwart berührten einander, als der aus Polen stammende Papst durch das offene Brandenburger Tor schritt.

Nicht etwa ein katholischer Bischof oder ein vatikanischer Prälat, sondern der nichtkatholische Michail Gorbatschow war es, der vor wenigen Jahren erklärte, er hätte seine Mission zum Fall des Kommunismus nicht leisten können ohne diesen Papst. Gäbe es diesen Pontifex, diesen Brückenbauer nicht, dann wäre die Freiheit, wie sie nun in ganz Europa möglich ist, so nicht da. Bereits als Krakauer Erzbischof hatte Karol Wojtyla die Vision, Grenzen niederzureißen und Tore zu öffnen. Und genau das verlangte er 1978 zu Beginn seines Pontifikats. „Reißt die Tore weit auf für Christus", rief er. Und nun, am offenen Brandenburger Tor, das der Papst ein Tor zur Freiheit nannte, knüpfte er an seinen Appell von damals an und rief uns zu: „Löscht den Geist nicht aus! Haltet dieses Tor geöffnet für euch und alle Menschen! Haltet es geöffnet durch den Geist der Liebe, durch den Geist der Gerechtigkeit und den Geist des Friedens! Haltet das Tor offen durch die Öffnung eurer Herzen!" Gerade Deutsche haben allen Grund, diesem Papst dankbar zu sein.

Was ist Freiheit?

Das Wort Freiheit ist längst zum Zauberwort geworden, zu einem Begriff, der in so vielen gesellschaftspolitischen Debatten zum Freibrief umfunktioniert wird. Wenn wir heute über Werte, die aus dem Christlichen kommen, sprechen wollen, dann muss der Wert der Freiheit an erster Stelle genannt werden. Was aber ist Freiheit? Der päpstliche Appell vor dem Brandenburger Tor war eindeutig und knapp: „Der Mensch ist zur

Freiheit berufen", jedoch bedeutet Freiheit nicht das Recht zur Beliebigkeit. Vielmehr ist und bleibt Freiheit an die Wahrheit gekoppelt. Was ist Freiheit? Was ist Wahrheit? Wahr ist, dass der Mensch sich nicht selbst verdankt, dass er also auch nicht Herr über Leben und Tod ist – weder über das eigene Leben noch das eines anderen. An dieser Wahrheit, an der Erkenntnis beziehungsweise am Bekenntnis zur Gottebenbildlichkeit hängt alles. An dieser Wahrheit hängt auch die Freiheit. Sie lebt nämlich, wenn sie Freiheit bleiben will, von ihren Grenzen her, von denen her Freiheit überhaupt erst möglich wird. Grenzenlose irdische Freiheit gibt es nicht. Wer es dennoch behauptet, hat Freiheit bereits zur Schrankenlosigkeit pervertiert. Wer die Grenzen der Freiheit leugnet, tötet die Freiheit. Wer keine Grenzen respektieren will, nimmt anderen und letztlich sich selbst die freie Luft zum Atmen. Freiheit wird dann schließlich zur Anarchie.

Ich sage das natürlich nicht ganz ohne aktuellen Hintergrund. Denn in unserer Zeit gibt es – leider – genügend Anzeichen dafür, dass wir die Kostbarkeit und die damit verbundene Verletzbarkeit der Freiheit nicht mehr oder noch nicht begriffen haben. Ich bin davon überzeugt: *Das* Thema der kommenden Jahrzehnte wird und muss das Thema Freiheit sein – oder es gibt sie nicht mehr. Wenn es nicht gelingt, sie mit Verantwortung zu verknüpfen, wird sie verschwinden. Verantwortung aber hat etwas mit Antwortgeben zu tun. Wem gegenüber? Wer kann Antworten verlangen? Es muss jemand sein, der höher steht als wir selbst. Wer meint, sich selbst vor sich selbst verantworten zu können, irrt – auch wenn es noch so bequem zu sein scheint. Nur dann, wenn diese Welt den vorgegebenen und ewig gültigen Maßstab nicht verliert, verliert sie auch die Freiheit nicht. Menschen, die sich selbst als

Maßstab genügen, leben gefährlich. Sie katapultieren sich stets neu in das Explosionsfeld der Beliebigkeit. Zumindest ist bei ihnen die Versuchung größer als bei anderen, sich und ihren Mitmenschen den Durchbruch zur Freiheit vorzuenthalten.

Wer wagt, gewinnt

Menschen, die an sich den göttlichen Maßstab anlegen, weil sie sich als Gottes Ebenbilder verpflichtet wissen gegenüber dem treuen Schöpfer, haben es nur vordergründig gesehen schwerer. In Wahrheit leben sie frei! In Wahrheit nehmen sie die einzig gültige Garantie der Freiheit in Anspruch. „Die Fülle und Vollkommenheit dieser Freiheit hat einen Namen: Jesus Christus", sagte der Papst in Berlin. Ja, dieser Christus ist die Freiheit, die Wahrheit, das Leben. Ja, dieser Christus garantiert, dass christliche Werte im täglichen Leben möglich sind. Und dieser Christus ist die göttliche Garantie auf Zukunft. Das ist keineswegs mehr selbstverständlich in Deutschland. Es ist, so befürchte ich, auch nicht mehr selbstverständlich innerhalb der Kirche unseres Landes. Was unsere Gesellschaft betrifft, so beobachte ich eine weitverbreitete Ignoranz gegenüber Werten wie Freiheit, Solidarität, Gerechtigkeit und Liebe, ja erst recht gegenüber Treue, also jener menschlichen Leistung, die im Ja zu Grenzen die Freiheit schafft. Wie ist es eigentlich um die Lebenskultur hierzulande bestellt, wenn wir den wehrlosen Mitmenschen am Anfang und am Ende des Lebens das Wort Freiheit entgegenschleudern, um ihnen die Freiheit zum Leben zu nehmen?

Wir reden von Freiheit und Selbstbestimmung auch und gerade dann, wenn dafür ein anderer Mensch mit dem Leben bezahlen muss, nur weil er noch nicht geboren wurde und augenscheinlich unsichtbar bleibt. Also: Geht Freiheit ohne Verantwortung? Ist sie möglich ohne Treue – zum Lebensrecht des anderen, zum Plan Gottes, zum Anspruch des Schöpfers? Ist Freiheit möglich ohne praktizierte Liebe, die – wenn sie mehr als Liebheit sein will – Opfer verlangt? Ist Freiheit denkbar ohne Solidarität mit denen, die ebenfalls ein Recht auf Freiheit und Leben haben? Ist Freiheit dauerhaft, wenn sie sich von der geoffenbarten Wahrheit abkoppelt? Nein. Aber sie ist möglich, wenn sie gleichsam den Draht nach oben pflegt, wenn sie sich nicht „emanzipiert", sich also nicht aus der Hand des Schöpfers herausschlägt. Würde sie das tun, käme sie ins bedrohliche Taumeln. So wie die Demokratie gerade von den nicht abstimmungsfähigen, weil vorgegebenen Werten überhaupt erst zu leben in der Lage ist, so lebt die Freiheit als Wert nur, wenn sie eingebunden ist in Verantwortung.

Gesucht sind wahre Nonkonformisten

Nicht nur Deutschland braucht Politiker, die sich für diese Freiheit einsetzen, die noch eine Ahnung von dieser Freiheit haben und die sich mehr leisten, als dem windigen Zeitgeist hinterherzulaufen. Oder anders formuliert: „Das neue Haus Europa, von dem wir sprechen, braucht ein freies Deutschland. es braucht vor allem die Luft zum Atmen, geöffnete Fenster, durch die der Geist des Friedens und der Freiheit eindringen kann. Europa braucht nicht zuletzt deshalb überzeugte Türöffner, also Menschen, die die Freiheit schützen durch Solidarität und Verantwortung. Nicht nur Deutschland, sondern ganz Europa braucht dazu den unentbehrlichen Beitrag der Christen" (Johannes Paul II.). Dringend gebraucht werden heute in diesem

Sinne mutige Nonkonformisten. Gebraucht werden Zeugen des Lebens, die sich auch dann einmischen, wenn es unbequem wird und ihnen der Wind ins Gesicht bläst. Gebraucht werden junge Menschen, die sich nicht beirren lassen von denen, die haarscharf am Zeitgeist segeln und mit der penetranten Artikulation sogenannter Reizthemen vorgaukeln, modern zu sein. Gebraucht werden junge Christen, die sich weigern, den medial diktierten Themen kritiklos hinterherzulaufen, und die sich dagegen wehren, durch ständiges Umkreisen um interessante Randfragen Kräfte fürs Wesentliche abziehen zu lassen.

Wenn genügend Christen bereit sind, sich auf die Lebens- und Freiheitsgarantie Gott einzulassen und mit der so gewonnenen Dynamik andere anzustecken, wenn also gerade die Christen in Deutschland ihre falsche Scham gegenüber der auch ihnen gegebenen missionarischen Sendung aufgeben, dann bin ich sicher: Die christlichen Werte haben eine Zukunft. Nein, besser: Sie sind, wenn sie gelebt werden, die Zukunft. Es kommt auf uns an. Aber: Was könnte uns eigentlich zurückhalten, wo wir doch jenen Bündnispartner haben, der die Fülle der Freiheit ist? Was kann Christen und Christdemokraten eigentlich abhalten vom Drang, die Vollkommenheit dieser Freiheit allen anderen zu erschließen?

Stephan Eisel hat schon, gestützt auf qualifizierte Umfrageergebnisse, vor einigen Jahren eine „auffällige Orientierungssehnsucht" bei den Menschen in Deutschland ausgemacht. Die 2003 veröffentlichten Ergebnisse einer repräsentativen Meinungsumfrage der Konrad-Adenauer-Stiftung zu „Religion und Politik" setzte nämlich durchaus einen gewissen Kontrapunkt zur gerne geführten Rede vom ohnehin nicht aufzuhaltenden Untergang des christlichen Abendlandes. Und es kam heraus, dass für die CDU und die CSU „erschreckend eindeutig“ die Antwort auf die Frage ausfällt, ob sie denn den selbst gewählten Anspruch einer Politik auf der Grundlage christlicher Wertvorstellungen gerecht werden. Drei Viertel aller Befragten durch alle Gruppen und ohne nennenswerten Unterschied sagen da: Nein! Eisel, der als Nachrücker in den Deutschen Bundestag kam, arbeitete damals für die Adenauer-Stiftung und kam zu der Überzeugung: „Für die C-Parteien ergibt sich aus diesem Befund eine klare Chance: Offenbar billigen die Bürger der Union den Anspruch des C zu, und die immer wiederkehrende parteiinterne Debatte oder externe Appelle, darauf zu verzichten, finden keinen Widerhall.“ Dass die Wirklichkeit dem Anspruch nicht genüge, sei „ein Auftrag an CDU und CSU: Sie sollten ihre politischen Konzepte häufiger auch ethisch begründen und nicht nur pragmatisch rechtfertigen – auch weil die Mehrheit der Menschen dieses von der Union erwartet.“

Das C als Weg zur Mehrheit

Die Erwartungen müssen freilich irgendwann erfüllt werden, wenigstens ansatzweise. Und: Ethisch begründen lassen sich nur politische Konzepte, die sich auch tatsächlich ethisch begründen lassen. Was macht Politik unterscheidbar? Stephan Eisel antwortet darauf so: „Es ist nicht tagespolitische Entscheidungsroutine, sondern das grundsätzliche Orientierungsangebot.“ Nur wer sein Ziel kenne, finde auch den Weg, und nur wer sein Ziel vermitteln könne, könne auch den Weg erklären. Das sei die Aufgabe für die Unionsparteien, die mit „dem C im Namen in der Wertedebatte die Chance auf ein politisches Alleinstellungsmerkmal haben, das sie nicht oft genug nutzen“. Orientierung zu vermitteln verlange freilich, „Profil zu zeigen und sichtbar Standpunkte zu beziehen". Dann würde auch jene Glaubwürdigkeit wachsen, die „sich in Wählervertrauen umsetzen lässt".

Für den CDU-Mann stehen deshalb Mut zum Profil und Mehrheitsfähigkeit auch nicht im Widerspruch zueinander. Das C hält er sogar für den Weg zur Mehrheit für die Union: „nicht weil der damit verbundene Inhalt immer von der Mehrheit geteilt wird, sondern weil die Mehrheit in einer sich immer schneller wandelnden Meinungsvielfalt Orientierung und Verlässlichkeit sucht und schätzt".

Gut gebrüllt, Löwe, möchte man diesem vom C überzeugten Politiker sagen. Doch wenn sich erstmals bei der Bundestagswahl 2009 fünf sozialdemokratische Parteien – nämlich die Linke, die SPD, die CDU, die CSU und die Grünen – um das, was man defizitär als nicht näher definierte Mitte bezeichnet, streiten, dann werden sich viele im Zweifel für jene sozialdemokratischen Parteien entscheiden, denen man einen Originalzustand zutrauen möchte. Dann ist es auf jeden Fall sehr spät, die Frage nach dem unterscheidend Christlichen, nach dem Mehrwert zu stellen. Vielleicht ist es dann schon zu spät.

Offene Fragen

- ▷ Wann verliert die Union ihre Verklemmung gegenüber dem C?
- ▷ Wann wird die große Chance, die im C schlummert, erkannt?
- ▷ Wo sind die Köpfe, die für ein klares C-Profil stehen?

Der Tod gehört mir?

Spätabtreibung und Patientenverfügung

Wer bestimmt, wann Schluss ist? Ist Behinderung ein Grund für Tötung? Ist nur noch perfekt recht? Oder gar Recht? Es sind heikle Fragen, die im Frühjahr 2009 die Politiker beschäftigen. Und es sind Fragen, die bis an die Grenzen gehen. Wie sehr, das kann man zum Beispiel in einem ganzseitigen Beitrag in der Frankfurter Allgemeinen Zeitung im März nachlesen, wo sehr deutlich beschrieben wird, was eigentlich eine Spätabtreibung ist. Seit der Reform des § 218 im Jahre 1995, an der sich viele christdemokratische Politiker beteiligten und man auch in Unionskreisen meinte, ein Kompromiss in Lebensrechtsfragen sei der wohl beste Weg, Leben zu schützen, seit dieser Zeit ist bei einer medizinischen Indikation eine Abtreibung bis zur Geburt möglich. Bis 1995 ermöglichte die eugenische Indikation eine Abtreibung nur bis zur 22. Schwangerschaftswoche. Seither wird nicht in der medizinischen Indikation nicht mehr nur die Gefahr für das Leben der Schwangeren berücksichtigt, sondern auch die „Gefahr einer schwerwiegenden Beeinträchtigung des körperlichen oder seelischen Gesundheitszustandes" sowie mögliche Auswirkungen auf gegenwärtige und „zukünftige Lebensverhältnisse". In solchen Fällen ist eine Abtreibung nach § 218a, Absatz 2, „nicht rechtswidrig".

Drastisch wird in der FAZ die umstrittenste Methode einer Spätabtreibung beschrieben, bei der „das Kind mit einer Zange aus dem geweiteten Gebärmutterhalskanal gezogen wird, bis der Nacken sichtbar wird. Mittels eines chirurgischen Instruments wird dann ein Loch in den Hinterkopf gestoßen, um durch einen Katheter das Hirn abzusaugen. Ist das Kind auf diese Weise während des Geburtsvorgangs – bei dem es bereits mit Armen und Beinen strampeln kann, wenn es nicht zuvor narkotisiert wurde – gezielt umgebracht worden, wird die Abtreibung vollendet."

Ja, das sind schreckliche Formulierungen, und die Beschreibung anderer Abtreibungsmethoden ist nicht weniger erschreckend. Doch es sind nur Beschreibungen einer Wirklichkeit, die es tagtäglich in Deutschland gibt. Und worum geht es bei Spätabtreibungen, warum gibt es sie? Sagen wir es deutlich: Weil es um die Verhinderung behinderten Lebens, weil es um die Verhinderung behinderter Menschen geht. Eltern von behinderten Kindern können ein schmerzlich Lied davon singen, wie sehr sie bereits in der Schwangerschaft mit einem selbstverständlich gewordenen Unverständnis bis hin zu entsetztem Kopfschütteln konfrontiert werden, wenn sie sich für und nicht gegen das Kind entscheiden – oder entschieden haben. Muss das sein? Hätte man das nicht vermeiden können? Heute kann man doch schon früh alles erkennen – und entsprechend zeitnah wegmachen lassen? – Solche Bemerkungen entstammen nicht der Fantasie des störenden Lebensschützers, sondern sind Realität. Realität ohne Reue. Leider.

Benedikt XVI. trifft da sicher nicht das gewohnte Gefühl vieler Menschen, wenn er – ebenfalls zu Beginn des Jahres 2009 – jede genetische Sektion verurteilt und von einer „Gefahr eines weitverbreiteten genetischen Reduktionismus“ spricht, der dazu tendiere, „eine Person ausschließlich durch genetische Information und durch die Interaktion mit ihrem Umfeld zu bestimmen“. Er, der sich in der Lehre des Christentums ganz gut auskennt, erinnert daran, dass „der Mensch immer größer sein wird als alles, was seinen Leib bildet; so trägt er die Kraft des Denkens in sich, die immer auf die Wahrheit über sich und die Welt ausgerichtet“ sei. Jeder Mensch sei also „weit mehr als nur eine besondere Kombination genetischer Information, die ihm von den Eltern vererbt wurde“. Heute schleiche sich eine „neue Mentalität ein, die dazu neigt, eine unterschiedliche Sichtweise des Lebens und der persönlichen Würde zu rechtfertigen, die auf dem eigenen Wunsch und dem individuellen Recht“ beruhe. Man neige dazu, die „Leistungsfähigkeit, die Effizienz, die Perfektion und die physische Schönheit zuungunsten der anderen Dimensionen des Daseins zu bevorzugen, die als nicht wert angesehen“ würden. Und, ganz im Sinne des christlichen Menschenbildes, weist der aus Deutschland kommende Papst „energisch“ darauf hin, dass es eine gleiche Würde jedes Menschen gibt, „allein aufgrund der Tatsache, dass er gezeugt wurde“. Biologische, physische und kulturelle Entwicklung oder der Gesundheitszustand dürfte „niemals zu einem Faktor der Diskriminierung“ werden.

Wie verträgt sich eine solche, eine so klare und richtige Wahrheit mit der deutschen Wirklichkeit, dass Kinder, bei denen eine Behinderung festgestellt wurde, bis kurz vor der Geburt abgetrieben werden können? Gar nicht. Seit Jahren gibt es keine Lösung im ultraschallreichsten Land der Welt. Wie absurd die Lebensschutzsituation in Deutschland ist, hat die SPD-Politikerin Renate Schmidt in einem Interview der Kölnischen Rundschau so beschrieben: „Bei uns wird die befruchtete Eizelle, die in einem Tiefkühlschrank liegt, besser geschützt als ein Kind, das außerhalb des Mutterleibes schon lebensfähig ist. Das darf man nicht so lassen."

Eigentlich ist doch alles klar. Eigentlich gilt die Unantastbarkeit der Würde des Menschen ohne Wenn und Aber. Eigentlich steht im Grundgesetz der Bundesrepublik Deutschland im Artikel 3, dass alle Menschen vor dem Gesetz gleich sind. Im selben Artikel steht auch, dass niemand benachteiligt oder bevorzugt werden darf wegen seines Geschlechtes, seiner Abstammung, seiner Rasse, seiner Sprache, seiner Heimat und seiner Herkunft, seines Glaubens, seiner religiösen oder politischen Anschauungen – oder wegen seiner Behinderung. Eigentlich.

Das Dilemma, das hier entstanden ist und offenbar nicht wirklich politisch gelöst werden kann, verweist auf ein grundsätzliches „Dilemma" für jeden, der das C ernst nimmt: Lebensrecht ist nicht teilbar. Mensch und Leben gibt es nur ganz – oder gar nicht. Ohne Wenn und Aber. Die Spätabtreibung ist auch deshalb ein Problem, weil jeder Versuch, hier der Logik der Wahrheit etwas Ehre zu erweisen, die Unlogik der Abtreibungsgesetzgebung insgesamt vor Augen führt. Diese Unlogik müsste logischerweise angegangen werden. Der Deutsche Bundestag müsste den § 218 des Strafgesetzbuches ganz neu fassen. Doch das ist – und darin unterscheiden sich C-Politiker inzwischen kaum von den anderen – eine Illusion für jeden realistischen Beobachter der deutschen Wirklichkeit.

Das Kind als Schaden

Im Januar 2009 hat sich unter anderem der Präses der Evangelischen Kirche im Rheinland, Nikolaus Schneider, für eine gesetzliche Neuregelung der Spätabtreibung ausgesprochen. Dabei stellte er sich hinter die Gesetzesentwürfe der Familienpolitiker Johannes Singhammer (CSU) und Kerstin Griese (SPD). In beiden Entwürfen wird die Verbesserung der ärztlichen beziehungsweise psychosozialen Beratung einer Schwangeren gefordert, wenn diese erfahren muss, dass ihr Kind behindert sein wird. Gefordert wird eine Drei-Tages-Frist zwischen der Diagnose und einer möglichen Abtreibung. Der prominente Protestant hält es übrigens für skandalös, dass Ärzte Schadensersatzforderungen von Eltern ausgesetzt seien, die ein behindertes Kind bekommen haben. Damit werde behindertes Leben als „ein in Cent und Euro bezifferbarer Schaden definiert". Man sei sich zwar in der Gesellschaft grundsätzlich ziemlich einig, dass Menschen mit Behinderungen die gleichen Lebensrechte genössen wie alle anderen. „Für behinderte Menschen im Mutterleib scheint dieser Konsens aber nicht mehr tragfähig zu sein", so Schneider.

In einem Positionspapier der Christdemokraten für das Leben (CDL) Sachsen zum Thema „Spätabtreibung" befassen sich diese in Lebensrechtsfragen sehr engagierten Parteimitglieder auch 2009 mit einer Frage, die sie schon Ende der 90er-Jahre aufwarfen, damals dafür aber wenig Aufmerksamkeit vorfanden. Tatsächlich ist durch die neue Regelung, die das Strafgesetzbuch seit zwei Jahrzehnten erlaubt, nach pränataldiagnostischen Untersuchungen und Feststellung einer möglichen Abnormität oder Behinderung des Kindes eine Spätabtreibung so häufig vorgenommen worden, dass entsprechend Behinderungen, wie beispielsweise das Down-Syndrom, um 97 % reduziert wurden. Das wird öffentlich gerne als Erfolg präsentiert. In dem CDL-Positionspapier heißt es:

CDL bezieht Position

„Die dafür einschlägige Diagnostik, wie Feinultraschalle, Nackenfaltenmessung oder Fruchtwasserpunktion, erbringt Untersuchungsergebnisse erst deutlich nach der 12. Schwangerschaftswoche. Liegt ein auffälliger Befund vor, so zieht dies in der Regel weitere fein-diagnostische Schritte nach sich, sodass ‚eindeutige' Ergebnisse durchaus auch erst weit nach der 20. Schwangerschaftswoche vorliegen können. Ab der 23. Woche, je nach Gewicht auch früher, kann ein Embryo aber bereits lebensfähig sein. Das betrifft von den jährlichen 2.300 Abtreibungen nach der 12. Woche immerhin ca. 230 Säuglinge jährlich. Für den Ablauf der Abtreibung bedeutet das, dass ungefähr ab der 15. Lebenswoche die Schwangerschaft auf natürlichem Wege (durch eine vorfristig eingeleitete Geburt) mit einem toten Fötus beendet wird. In den über 200 Fällen nach der 23. Woche besteht dabei ein großes Risiko, dass ein lebendiges Kind zur Welt kommt – das dann von den Ärzten und Hebammen entgegen allen ethischen und medizinischen Grundsätzen nicht versorgt wird.

Beim Problem der Spätabtreibungen bedingen sich verschiedene Faktoren, die für eine Problemlösung differenziert betrachtet werden müssen. Verschärft wird das Problem durch die Tatsache, dass das generelle Unrechtsbewusstsein für Abtreibungen – zumindest für die ersten drei Monate – abgenommen hat. Schwangerschaftsabbruch als ein – steuerfinanziertes – Mittel der

Familienplanung wird auch dadurch befördert, dass die Folgen einer Abtreibung gesellschaftlich, wirtschaftlich und auch im Rahmen der Wissenschaft ausgeblendet werden. Dies alles führt zu einem gesellschaftlichen Druck auf Eltern und zur Absenkung deren moralischer Hemmschwelle, sich gegen sein eigenes Kind zu entscheiden."

In diesem Zusammenhang hält die CDL insbesondere folgende Faktoren für problematisch:

- Der berechtigte Wunsch nach einem gesunden Kind ist heute zu einem Anspruch geworden, auf den es ein ungeschriebenes Recht und zu dem es eine „gesellschaftliche Verpflichtung" zu geben scheint.
- Schwangerschafts-Vorsorgeuntersuchungen sind mit fortschreitendem technischem Fortschritt immer mehr dazu in der Lage, Abweichungen von der Norm aufzuzeigen. Dadurch werden Eltern heute mit immer mehr Diagnoseergebnissen konfrontiert, die sie oft nur bedingt einschätzen und werten können.
- Bei einem gleichzeitigen Anstieg des Durchschnittsalters der Mütter ist die Einschätzung einer Risikoschwangerschaft (> 35 Jahre) häufiger und entsprechend eine damit einhergehende Feindiagnostik und zusätzliche Untersuchungen, um „Risiken" auszuschließen.
- Das Recht auf Nichtwissen wird immer weniger respektiert und beim Vorliegen der Diagnose einer (möglichen) Behinderung des Kindes wird regelmäßig seitens des Arztes auf die Möglichkeit einer Abtreibung hingewiesen – nicht zuletzt aus Angst vor einer Schadensersatzklage der Eltern.
- Die Möglichkeit der Abtreibung wird als befreiende Lösung wahrgenommen, als eine kurzfristige Beendigung eines Problems – über die Konsequenzen der

tatsächlichen Durchführung, über die emotionale Belastung durch diesen Vorgang, über die Spätauswirkungen und die möglichen Alternativen zu einem Leben mit einem behinderten Kind wird nur in den seltenen Fällen umfassend aufgeklärt, wo die Mutter freiwillig und selbstständig eine Beratung aufsucht.

Helfen statt töten!

Mit dieser Vorgehensweise, die durch die Gesetzgebung und höchstrichterliche Schadensersatzurteile gegen Ärzte gefördert wird, werde aber die Verantwortung für die Beendigung des Lebens des ungeborenen Kindes an die Mutter delegiert: „Schon die Ablehnung einer feindiagnostischen Untersuchung ist nur mit Unterschrift möglich, die dokumentiert, dass der Arzt die Schwangere über mögliche Entwicklungsrisiken und Untersuchungsmethoden aufgeklärt hat. Damit beginnt bereits der Druck, falls die Frau sich gegen Untersuchungen oder – trotz einer Diagnose – für ein behindertes Kind entscheidet. Obwohl in Deutschland kein Zwang zur Abtreibung eines behinderten Kindes existiert, besteht bei einer Entscheidung gegen die ‚vernünftige' oder ‚normale' Vorgehensweise latent ein Rechtfertigungszwang. Weitaus schwerwiegender ist aber, dass nicht sichergestellt ist, dass bei der (überwiegenden) Annahme von Spezial-Untersuchungen über die möglichen Folgen der Untersuchung selbst oder der Diagnose informiert wird. Stattdessen wird die Entscheidung über Leben und Tod des eigenen Kindes der Mutter in einem emotionalen Ausnahmezustand überlassen. Dies mit einer staatlich erlaubten Aufhebung des Tötungsverbotes – ohne aber gleichzeitig gesetzlich sicherzustellen, dass eine umfassende Information und Abwägung stattgefunden hat.

Niemand wird unterstellen, dass sich eine Mutter leichtfertig gegen ihr Kind entscheidet oder Ärzte und Hebammen, statt zu helfen, gerne Hilfe unterlassen. Durch gesetzliche Regelungen und Haftungsrisiken für die Ärzte ist aber aktuell eine Situation für die betroffene Frau geschaffen worden, unter denen sie im Zweifel nicht ausgewogen über die Möglichkeit eines erfüllten Lebens mit einem behinderten Kind informiert wird und anschließend den Rest ihres Lebens mit der Schuld leben muss, eine irreversible Entscheidung getroffen hat."

Es sei, so die CDL innerhalb der Union, daher dringend geboten, eine gesetzliche Neuregelung anzustoßen, „die die einsame Verantwortung der Mutter reduziert. Gleichzeitig müssen die gesellschaftlichen Rahmenbedingungen familien- und behindertenfreundlicher werden. Dabei sollte auch wieder im Sinne des christdemokratischen Grundsatzprogrammes betont werden, dass Leben grundsätzlich ein Geschenk ist, das nicht vom Menschen gestaltbar sein darf." Was aus C-Sicht dabei berücksichtigt werden sollte, beschreibt die CDL so:

- „Der Gesetzentwurf der CDU/CSU-Fraktion mit einer verpflichtenden Beratung und Bedenkzeit von drei Tagen zwischen Diagnose und Abbruch sollte auch auf landespolitischer Ebene unterstützt werden.
- Es muss eine umfassendere Beratungspflicht bereits vor den ersten weiterführenden vorgeburtlichen Untersuchungen verankert werden.
- Durch familienpolitische Maßnahmen muss die gesellschaftliche Akzeptanz erhöht werden. Da häufig Geschwisterkinder abgetrieben werden, sollten die Maßnahmen zum einen die Förderung von soge-

nannten Mehrkind-Familien beinhalten. Zur Erhöhung der Akzeptanz einer Schwangerschaft und der Unterstreichung, dass dem Freistaat jedes Kind (auch jedes ungeborene als ein zukünftiger Einwohner) willkommen ist, sollte aber auch über die Gewährung einer familienpolitischen Leistung bereits ab Empfängnis nachgedacht werden."

In Lebensrechtsfragen sind die in der CDL Engagierten Experten. Es stünde der Union insgesamt gut an, wenn sie sich in Lebensschutzfragen hinter diese Experten stellte und die Kompetenz ihrer Parteiorganisation souverän anerkennen würde. Das geschieht in anderen Kompetenzfeldern ja auch. Warum also nicht auch hier?!

Wann „muss" denn Schluss sein?

Ähnliches gilt für ein anderes Bewährungsfeld für das C in der Union. Die Rede ist von der Patientenverfügung, über die viel gestritten und diskutiert wird. Sie steht im Zusammenhang mit der leider auch wieder in Deutschland salonfähig gewordenen Frage, ob und wann Sterbehilfe und Euthanasie erlaubt sein könnten – oder gar müssten. Und vor allem geht es hier um Würde, Achtung und Selbstbestimmung am Lebensende. Hirntod als Garantie für den Tod, ja oder nein? Verlängerung um jeden Preis? Muss ich gehen, wenn ich zur Last falle und Geld koste? All diese Fragen rühren an eine Wirklichkeit, die jeden betrifft. Todsicher. Gibt es schon bald, so fragte das LebensForum, die Zeitschrift der Aktion Lebensrecht für Alle e.V. (ALfA), auf ihrem Titel bereits 2008 provozierend, eine Bürgerpflicht Selbstmord? Und im Frühjahr 2009 prangte auf dem Titelbild dieser Zeitschrift die keineswegs für viele nur theoretische Frage: Wer bestimmt, wann Schluss ist? Kommen wir, wie es der französische Philosoph André Glucksmann in einem Essay über den Nihilismus einmal formulierte, zur Euthanasie der Vernunft? Inwieweit gilt schon das Credo des Nihilismus, das Glucksmann so zusammenfasst: „Töte deinen Nächsten wie dich selbst"?

Die Bundesvorsitzende der Christdemokraten für das Leben (CDL), Mechthild Löhr, traf sicher einen ganz wunden Punkt in der deutschen Gesellschaft, als sie im Dezember 2008 forderte, menschliche Solidarität müsse auch am Lebensende unkündbar bleiben. Gesetzlich verbindliche Patientenverfügungen seien kein Königsweg für ein Sterben in Würde. Ein besonders kritischer Streitpunkt sei für Christen dabei die Frage der Reichweite von Patientenverfügungen. Auch Löhr weiß natürlich, dass für den Bundestag dabei gilt, einerseits auf die Selbstbestimmung und Eigenverantwortung der Patienten zu achten und andererseits die aufgrund der staatlichen Schutzpflicht notwendige Fürsorge für Patienten – gerade am Lebensende – zu wahren. Die Christdemokraten für das Leben kennen das christliche Menschenbild mit seiner Bezogenheit auf Freiheit und Verantwortung. Und daher appellieren sie an den Gesetzgeber, „dass sich weiterhin niemand verpflichtet fühlen darf, eine Patientenverfügung abzufassen". Jeder müsse wie bisher fest darauf vertrauen können, „dass Ärzte, Angehörige und rechtliche Vertreter eine an seinem Wohl und Willen orientierte Entscheidung treffen – mit oder ohne Patientenverfügung". Daran dürfe durch eine neue Rechtslage kein Zweifel aufkommen, alles andere komme einer „Entsolidarisierung der Gesellschaft" gleich. Und daher „darf die Abfassung von Patientenverfügungen weder direkt noch indirekt zur Pflicht werden". In einer alternden Gesellschaft sollte es zukünftig vor allem darum gehen, „Ängste vor einem unwürdigen Leiden und Sterben abzubauen, nicht aber das Sterben zu beschleunigen". Dazu gehören notwendige Veränderungen im Gesundheitswesen, wie der flächendeckende Ausbau von Hospizen und Palliativbetreuung, „die geeignet sind, die Achtung vor dem Leben und der Würde alter, kranker und sterbender Menschen zu stärken. Der Mensch möchte nicht durch die Hand, sondern an der Hand eines anderen Menschen sterben." Eine unter Umständen „verhängnisvolle frühe Bindung an eine gesetzlich verbindliche Patientenverfügung" sollte vermieden werden. Christen müssten und dürften noch wissen, dass gerade am Lebensanfang und Lebensende für die Schwächsten die unbegrenzte Solidarität der Gesellschaft einzufordern ist. Es darf doch nicht wahr sein, dass sich wegen der demografischen und ökonomischen Entwicklung nicht nur in Einzelfällen alte und kranke Menschen mehr und mehr als eine Belastung für die Gesellschaft fühlen. Müssen wir wirklich befürchten, dass ein wachsender gesellschaftlicher Druck auf den Einzelnen entsteht, frühzeitig Patientenverfügungen mit Behandlungsverzichtserklärungen zu verfassen?

In einem Papier der CDL heißt es: „Die gestiegene Lebenserwartung der Menschen gehört zu den glücklichen Entwicklungen unserer Zeit, für die wir dankbar sind. Die Möglichkeiten der modernen Medizin führen andererseits zu neuartigen Problemen im Grenzbereich zwischen Leben und Tod. Immer mehr Menschen fürchten ein langes Leiden und dass sie gegen ihren Willen der Apparatemedizin ausgesetzt werden. Sie befürchten in dieser schwierigen, letzten Lebensphase ohne angemessene Behandlung und Betreuung zu bleiben. Andere möchten schnell sterben, um ihrer Umgebung nicht zur Last zu fallen. Wieder andere wollen sogar Anweisungen für eine schnelle aktive Herbeiführung ihres Todes geben (aktive Sterbehilfe oder assistierten Suizid) und verlangen die Vollziehung ihres Wunsches durch andere, z. B. durch diese ‚Dienstleistung' anbietende ‚Sterbehilfe'-Organisationen. Menschen wollen zwar am Lebensende keine Belastung für andere sein, aber sie möchten bei Krankheit und Sterben liebevoll und kompetent versorgt werden und ohne quälende Verlängerung, aber auch ohne willkürliche Verkürzung ihres Lebens sterben können. Für alle diese Fälle wollen Menschen Vorsorge treffen, damit sie insbesondere dann, wenn sie selbst direkt keine Wünsche und Ansprüche mehr äußern können, dennoch so behandelt und betreut werden, wie es ihren Vorstellungen entspricht."

Inseln der Humanität

Wenn nicht hier, wo sonst wären Christen besonders gefragt, besonders herausgefordert! Christen sind im Leben immer gefragt und dürfen sich nirgendwo drücken. Ihnen ist gleichsam überall eine zusätzliche Dimension zugesichert. Das war übrigens auch in der Frage nach Hospiz und Sterbebegleitung so, als dieser Gedanke Ende der 80er-Jahre des 20. Jahrhunderts aufkam. Während der damalige Vorsitzende der Deutschen Bischofskonferenz noch zögerte und meinte, die Kirche könne sich nicht auch diese Last aufbürden, bewirkte Johannes Paul II. mit einer entsprechend klaren Ansprache an die deutschen Bischöfe so etwas wie eine Initialzündung und ein Umdenken. Der damalige Papst sprach davon, dass die Kirche, dass Christen bei allen existentiellen Fragen des Lebens hellwach sein müssten, und nannte es als eine neue Aufgabe für Christen, Inseln der Humanität zu schaffen. Inzwischen haben viele Christen erkannt, wie sehr gerade sie dazu berufen sind, genau diese Inseln der Humanität zu schaffen und zu gestalten.

Das gilt auch in dieser Frage. Wissen wir, wie viele aus purer Angst vor Einsamkeit und Kälte lieber den Tod als das Leben wählen? Wissen wir, wie viele Menschen das eine Gesellschaft beschämende Gefühl haben, sie könnten am Lebensende nur noch zur Last fallen? Geht es um Sterbehilfe oder um Sterbebegleitung? Hat nicht jeder Mensch, nur weil er Mensch ist, das Recht auf ein würdevolles, von Solidarität und Dasein gekennzeichnetes Sterben? Was soll der Maßstab sein: der Mensch oder die Apparate? Die haltende Hand oder eine Verfügung? Was ist der Mensch? Was ist human? Wie sollte eine menschenwürdige Sterbekultur aussehen? All das sind Fragen, die eine Pflicht zur Patientenverfügung nicht wirklich zu lösen in der Lage ist. Viele sind da gefragt, gefordert, berufen – zur Solidarität. Am Umgang mit den Grenzfragen des Lebens erweist sich die Kultur einer Gesellschaft. Muss nicht gerade gegenüber Kranken und Sterbenden menschliche Solidarität unkündbar bleiben? Aber: Kann man so etwas gesetzlich regeln? Vorschreiben nicht, fördern aber gleichwohl schon.

Zum Beispiel durch eine Förderung der Vorsorgevollmacht oder den Vorsorgeplan als Handlungsalternative. Dieses Instrument einer Vorsorgevollmacht oder eines umfassenden Vorsorgeplanes sei einer gesetzlich fixierten Patientenverfügung gegenüber unbedingt vorzuziehen, meint die CDL: „Mit ihr können eine oder mehrere Personen des persönlichen Vertrauens berufen und bevollmächtigt werden, im Ernstfall die Vorstellungen des Patienten zu vermitteln und wirksam umzusetzen. Eine Vorsorgevollmacht gibt größere Sicherheit, weil mit ihr den Interessen des Patienten flexibel entsprochen werden kann. Der Vollmachtgeber kann davon ausgehen – die richtige Wahl der Vertrauensperson vorausgesetzt –, dass er im Falle eigener Handlungsunfähigkeit einen Vertrauten zur Seite hat, der seine Rechte wahrnimmt und die notwendige Behandlung und Betreuung mit dem Arzt und anderen Dritten im Sinne des Patienten abstimmt. So bleibt jeder Patient bis zum Ende des Lebens gemäß eigener Entschlüsse, Bedürfnisse und Wertvorstellungen eingebunden in die Solidarität einer von ihm ausgewählten Vertrauensperson. Auch hier bleiben die Schutzpflichten von Ärzten, Pflegepersonal, Verwandten, Behörden und Gerichten gegenüber dem Patienten, der unbeschadet seiner eigenen Dispositionen zusätzlich ihrer Unterstützung und Hilfe bedarf, unberührt. Aufgrund der stets geschuldeten zwischenmenschlichen und gesellschaftlichen Solidarität bis zum Lebensende gibt es weder eine einseitige noch eine gegenseitige Befreiung von Verantwortung."

Es geht, wie in so vielen Fragen des täglichen Lebens, letztlich um das Gewissen, das ja bekanntlich auch in der Politik seine Lebensberechtigung haben soll. Schließlich ist jeder Volksvertreter letztlich seinem Gewissen verantwortlich. Doch: Was ist das? Nicht zuletzt den Vertretern des hohen C wäre zu wünschen, dass sie gelegentlich eine kluge Lektüre zum Thema Gewissen zur Hand nehmen und lesen, was andere schon über das Gewissen zu sagen wussten. Zum Beispiel auch über „Das Gewissen in der Politik", wozu sich Lothar Bossle 1974 grundlegende Gedanken machte. Er endet mit der Erkenntnis, dass sich das Gewissen in der Politik nicht bewährt „im Feld politischer Theorien und Ideologien, sondern durch das Hineingestelltsein des Menschen in die Praxis der Politik. Die Handhabung des Gewissensvokabulars für politische

Allerweltideologen und die Stammtischveränderer unserer Welt bereiten nirgendwo Schwierigkeiten. Politische Aufgeregtheit erhält durch die Verwendung der Gewissensformel in kalkulierter Treffsicherheit ihren moralischen Unterbau." Der Soziologe und Politologe Bossle stellt seinem Buch eine Weisheit seines Lehrers Gerhard Möbus voran, die man in der Union kennen sollte: „Denn was anderes ist das Gewissen, wie es Thomas Morus versteht, als der Mut zur Bereitschaft, sich auf eine normative Instanz zu berufen, die darauf gründet, dass dem einzelnen Menschen ein unmittelbarer und unantastbarer Wert zukommt, den nichts in der Welt auswiegt." Der Schüler selbst schließt mit dem appellativen Hinweis: „Tiefes Wissen um die menschliche und sachliche Größe des Gewissensentscheids und die Entschlossenheit zum konkreten Handeln in einer Welt, in der Macht will und das Recht bändigt, müssen als Wertstrom durch einen Menschen fließen, um ihn zum echten Gewissensentscheid in der Politik zu befähigen."

Offene Fragen

▷ Wie viel Gewissen verträgt die Politik?

▷ Was unterscheidet C-Politiker in dieser Frage von anderen?

▷ Welche Inseln der Humanität braucht Deutschland?

Der Marsch durch die Union

Das C braucht Christen!

Wählbar oder nicht? Kann man sein Kreuz noch bei der Union machen? Der Hamburger Kollege, und nicht nur er, der mir diese Frage stellt und nicht einen Moment meine Antwort abwartet, hat es für sich entschieden: Er wählt sie nicht mehr. Jahrzehnte lang war er treuer Wähler der CDU. Jetzt aber sagt er Nein. Er habe auch Schröder nicht gewählt, warum solle er „die Merkel" wählen? Und damit ganz sicher sei, dass seine Nichtwählerstimme auf keinen Fall den Linken oder Rechten zugeordnet werde, will er wählen gehen – um seinen Wahlzettel ungültig zu machen. Entweder durch einen großen Strich von unten links bis oben rechts oder aber durch einen Kommentar auf seinem Wahlzettel. Aber er könne nun mal beim besten Willen keinen Unterschied zwischen Schröder und Merkel erkennen. Die Merkel, wie er sie nennt, habe nur ein einziges Programm. Und das sei sie selbst.

Der Studienfreund aus Köln ist ebenfalls entschieden. Er war ein ganz Treuer, aber die Sache mit der Verschiebung des Stichtags zur Forschung mit embryonalen Stammzellen hat bei ihm einiges ausgelöst. Das sei ein gefährlicher Dammbruch gewesen, den sich eine Partei mit dem C nicht hätte leisten dürfen. Mehr als 24 Jahre war er Mitglied der Christlich-Demokratischen Union Deutschlands, doch in der Silvesternacht

2008 habe er um null Uhr seinen Parteiausweis von der Brücke in den Rhein geworfen und sei endlich ausgetreten. Diese „seine“ Partei habe seine Stimme nicht mehr verdient. Den Anspruch auf das C habe sie längst verloren.

Übrigens: Auch in dieser Frage zeigte sich die bayerische Schwesterpartei klarer und überzeugter als die große Unionspartei. Sie ist, wie ein bayerischer Freund nicht ohne Zufriedenheit sagte, schon etwas „treuer“ im Umgang mit der christlichen Botschaft als der Rest der Union. Denn bei der Abstimmung zur Ausweitung der Stichtagsregelung gab es keineswegs ein einheitliches Bild bei den CDU-Abgeordneten, während in der CSU-Landesgruppe nicht einmal zehn Prozent der Abgeordneten für eine Verschiebung votierten. Mehr als zwei Drittel der CSU-Leute im Parlament stimmten gar für den konsequentesten und „strengsten“ Lebensschutz-Antrag des CDU-Abgeordneten Hubert Hüppe. Er zählt zu den wenigen sehr konsequenten und logisch denkenden wie argumentierenden Volksvertretern, die aber leider immer wieder das Schicksal des Einsamen in der Partei erfahren müssen.

Zurück zu den enttäuschten Einzelstimmen. Sind es wirklich nur Einzelstimmen? Vielleicht. Nein, ganz sicher nicht. Die Gruppe der politisch Heimatlosen und heimatlos gewordenen Wählerinnen und Wähler ist größer geworden. So richtig fehlen denjenigen, die bei der Union das wirklich Unterscheidende suchen und vielleicht noch bei der ein oder anderen Frage erkennen möchten, dass sie dezidiert aus christlichem Geist heraus beantwortet wird, die Unterscheidungsmerkmale. Was ist typisch unionsgemäß, was bietet die Union mehr als andere Parteien?

Es gibt daher immer wieder den Wunsch, neue politische Parteien zu gründen, also eine Plattform zu schaffen, die es Christen und anderen, die noch vom Mehrwert des Christlichen überzeugt sind, ermöglicht, sich in der politischen Landschaft zu Wort zu melden. Doch solche Ideen haben es schwer in unserer Gesellschaft. Auch deshalb, weil die stets betonte und allseits propagierte Solidarität am edelsten von den sogenannten Konservativen buchstabiert werden kann, in der Praxis aber andere Gruppen ohne großes Aufsehen tun, wovon die Bemühten gerne reden. Ein Grund für das gute Bemühen und den nicht erkennbaren Effekt für neue Parteien liegt auch darin, dass sich rasch die besonders Eifrigen über Kleinigkeiten uneins sind und bereits im Programmatischen an Kommata scheitern.

Auf der anderen Seite fürchten sich die Unionsparteien vor Ideenreichtum von außen, vor Köpfen mit christlichem Profil, die nicht über jahrzehntelange Erfahrung des Plakatklebens verfügen und den mühsamen Weg durch parteiinterne Gliederungen gegangen sind. Selbst passgenauer Professionalismus und Berufserfolg, sollten sie sich zur Mitarbeit entschließen, machen offenbar verdächtig. Die U-Parteien wollen gerne unter sich bleiben. Niemand soll ihre Kreise stören und langfristige Personalplanungen durch plötzlich vorhandene Kompetenz stören. Ob CDU oder CSU – hier gilt längst das Prinzip des closed shop. Man bleibt als neudemokratische Kaste gerne unter sich. Das garantiert eine gewisse machtpolitische Planbarkeit und Berechenbarkeit.

Auch wenn das Parteiensystem sich weiter wandeln wird und die sogenannten großen Volksparteien von ihrer Größe viel verlieren werden, so erscheint es jetzt noch nicht geboten, eine ganz neue politische Kraft ins Leben zu rufen, die es mit anderen Parteien aufnehmen könnte und vor allem an der Fünf-Prozent-Hürde nicht scheitert. Realistischer ist wohl ein anderer Weg – wenngleich auch dieser Weg von den politisch von der Mitte her Denkenden bislang so gut wie gar nicht genutzt wurde.

Was ich meine? Die systematische Unterwanderung! Man kann jene, die sich zu Recht über das mangelnde christliche Profil der Union aufregen und nicht mehr bereit sind, das so gerne so bezeichnete kleinere Übel zu wählen, weil der Unterschied zum größeren Übel verschwindend klein geworden ist, nur raten, in Scharen in die Union einzutreten und sie mit christlichem Geist zu durchsetzen. Wenn die programmatischen Lippenbekenntnisse der beiden U-Parteien auch nur ansatzweise stimmen, kann sich niemand beschweren, wenn Christen versuchen, in dieser Partei Einfluss zu gewinnen. Es ist höchste Zeit! Es ist höchste Zeit, das C zu retten – und damit wirkliches Profil zuzulassen. Denn Deutschland braucht das Engagement der Christen, Deutschland braucht den Blick nach oben, also über den Tellerrand des Relativismus hinaus. Deutschland braucht endlich wieder geistige Qualität!

Die jetzigen C-Parteien und ihre Christlichkeit – sie lässt sich nur schwer, wenn überhaupt, definieren. Eine Partei kann ohnehin nicht christlich sein. Christlich sind immer die Menschen, die sich den Maßstab des Christlichen zutrauen und versuchen, ihr Leben nach dem auszurichten, der Ursprung für das C ist. Mag sein, dass in vielen Fragen andere Parteien so gesehen christlicher sind als CDU und CSU. Das ist eine Feststellung, nicht aber eine Erklärung. Die Grünen zum Beispiel haben in den Siebzigerjahren einen urchristlichen Gedanken aufgegriffen, als sie das Bewusstsein für den Wert der Schöpfung zu schärfen begannen. Leider haben sie die Konsequenz bis zum größtmöglichen Schutz des Geschöpfes Mensch in seiner anfänglichen Lebensphase nicht erkennen wollen oder können. Doch die Vertreter des C stachen im Ergebnis nach der Wiedervereinigung nicht besser hervor, als sie in der Abtreibungsfrage am Ende des 20. Jahrhunderts glaubten, einen Kompromiss gegen die Unantastbarkeit des Lebens finden zu müssen. Ob nun die Union, die Sozialdemokraten oder die Grünen christlicher sind als die jeweils anderen, dürfte kaum einwandfrei zu beantworten sein. Vom C ist jedenfalls im realen politischen Leben bei der Union nicht viel zu sehen. Und Prognosen darüber, in welchen Parteien es mehr oder weniger Vertreter gibt, die mit christlichen Geboten in ihrem Leben schon kräftig kollidiert sind, sollte man besser auch nicht abgeben. Mit Lebensbrüchen und ihren Biografien steht sich wohl keine der Parteien einer anderen nach.

Wann kommt eine neue C-Partei?

Die Alternative zur Unterwanderung ist einzig die Neugründung einer weltoffenen, toleranten und lebensfrohen Partei. Dafür aber braucht es einiger Geldgeber, großer Spender, denn mit nur ein paar Scheinen allein wird es keiner Gruppierung gelingen, auf sich so aufmerksam zu machen, dass man mehr als ein paar Stimmen im Nullkomma-Bereich erzielt. Leider. Die Linke konnte da wohl auf viel Kapital zurückgreifen. Ein Schelm, dem jetzt das bis heute nicht wiedergefundene SED-Vermögen in den Kopf kommt …

Entweder die Union leistet sich belastbare und authentische Christen. Oder, vielleicht der realistischere

Weg: Wenn sich die einstige Partei Adenauers unter Merkel, der „Kanzlerin des Ungefähren", und dem ambitionierten Generalsekretär Ronald Pofalla von sich selbst befreit und konsequent die Überflüssigkeit in der schon bald gegebenen Austauschbarkeit anstrebt, wird vielleicht doch schon bald eine moderne und aufgeschlossene politische Kraft mit christlichem Profil entstehen. Übrigens: Es könnte nicht mehr lange dauern, bis sich eine im Profil markante islamisch geprägte Kraft zu etablieren beginnt. Die Union, die offenbar strukturell zu keiner inhaltlichen Brillanzreform in der Lage ist, wird da wohl kaum eine ernst zu nehmende Konkurrenz darstellen können. Und es wird nicht reichen, noch so nett und charmant gebetsmühlenartig die Mitte zu beschwören. Irgendwann wird man auch sagen müssen, was denn in dieser ominösen Mitte inhaltlich zu finden ist. Es sei denn, die Mitte ist nichts als ein schönes Etikett. Doch das könnte als Schwindel ruhig einmal auffliegen. Erst recht, wenn man beobachtet, wie die Union geradezu leichtsinnig ihre Nähe zu den Kirchen aufs Spiel setzt und das christliche Menschenbild nur noch als Chiffre ohne näheren Inhalt nutzt. Warum sollten eigentlich die FDP oder die SPD dieses christliche Menschenbild nicht auch entdecken?

Die Schnelligkeit, mit der ersten kritischen Stimmen Anfang März 2009 andere Kritiker der Merkelschen Profillosigkeit folgten, ist ein ziemlich eindeutiges Indiz dafür, wie sehr es unter der Oberfläche der Union brodelt. Als hätten sie darauf gewartet, dass einer endlich mal anfängt, meldeten sie sich zu Wort. Solche Sätze waren auf einmal überall zu lesen: Die parteiinterne Debatte um ein deutlicheres konservatives Profil der CDU wird schärfer. Jörg Schönbohm, ehemaliger CDU-Landeschef in Brandenburg, sagte der „Frankfurter Allgemeinen Sonntagszeitung“: „Wir haben nur die Chance, unseren Wahlkampf mit Bundeskanzlerin Merkel zu machen. Sie muss jetzt zeigen, wofür die CDU steht. Das ist ihr auch bewusst.“ Der Unmut mache deutlich, wie dringend das Handeln sei. Baden-Württembergs Ministerpräsident hat Sorge, es könne der Eindruck entstehen, „die CDU sei die Partei der Verstaatlichung“. Und Fraktionsvize Wolfgang Bosbach fürchtet, dass die Konservativen nicht mehr in der CDU ihr Zuhause sehen. Wahlenthaltung drohe. „Vielleicht gibt es bei uns Strategen, die ernsthaft glauben, man müsse sich um die Konservativen und ihre politischen Anliegen nicht besonders kümmern, weil die ohnehin Union wählen würden“, sagte er dem „Focus“. Und Christian Baldauf, der rheinland-pfälzische CDU-Chef, fordert im „Spiegel“, dass „aus dem Adenauer-Haus mehr CDU und weniger Große Koalition“ komme. Dagegen hält die stellvertretende Parteichefin Annette Schavan eine Debatte ums Konservative für verfehlt. „Der Stammwähler von heute“ sei doch „nicht der Stammwähler von vor 20 Jahren“. Verständlich, dass der CDU-Generalsekretär Ronald Pofalla in solchen Fällen mehr Geschlossenheit anmahnt und eher formale Sorgen hat: „Sobald in der Union kontrovers diskutiert wird, wirkt sich das negativ auf Umfragewerte aus“, äußerte er gegenüber der „Berliner Zeitung“.

Vom Vergraulen der treuen Stammklientel liest man seit Anfang 2009 immer häufiger. Der ehemalige stellvertretende Vorsitzende des Rings Christlich-Demokratischer Studenten (RCDS), Benedikt Brunner, beschrieb in der Wochenzeitung „Rheinischer Merkur“ im März 2009, wie in der Union unter Merkel immer mehr Wähler über Bord gehen. Die Überschrift: Es fährt ein Schiff nach Nirgendwo.

Irgendwo im Nirgendwo

Die CDU scheine ihren Platz in einer nebulösen Mitte „irgendwo im Nirgendwo" gefunden zu haben, „in einem politischen, sozialen und moralischen Wohlfühlraum mit abgerundeten Ecken und Kanten, wetterfest gemacht gegen den Zwang zur Festlegung". Der Autor, der die CDU gut kennt und eher zu den Jüngeren zählt, spricht von „steril-perfekten Farbfotos und durchgestylten Slogans" und meint: „Nie war die CDU mehr Disneyworld!" Auf der Brücke des bunt und vor allem an vielen Stellen schnick-schnack-orange angestrichenen Schiffes sehe man zwar, dass manche einfach über Bord gehen – und lege dann fest, wie die über Bord Gegangenen zu retten sind: „gar nicht".

Am deutlichsten spiegele sich die „Identitätskrise der CDU in dem Personal wider, das die Partei heute repräsentiert – oder eben nicht. Wo sind die großen Konservativen, die laut und vernehmlich ihre Stimme zu Patriotismus und Leitkultur erheben, zur Embryonenforschung und zu der nach wie vor viel zu hohen Zahl von Abtreibungen, zum Wert einer echten, auch moralischen Wahlfreiheit in der Familienplanung?" Und weiter: „Wo sind die großen Wirtschaftsliberalen, die die CDU wirklich als die Partei Ludwig Erhards, also als die Partei der Marktwirtschaft, vertreten? Wo sind die Marktwirtschaftler, die das Herumeiern der Union beim ‚Antidiskriminierungsgesetz' und beim Thema Mindestlohn hätten verhindern können oder zumindest wollen und die bei dem Wort ‚Enteignung' so sichtbar entsetzt wären, dass wenigstens durch sie die CDU ordnungspolitisch glaubwürdig bliebe?"

Bohrende Fragen eines Kenners mit Innenansicht, die das Dilemma beschreiben: „Wird das Thema Patriotismus erschöpfend besetzt, wenn Frau Merkel über die

Ehrentribünen von Fußballstadien schwebt? Macht es die CDU als Vertreterin eines christlichen Familienbildes glaubwürdiger, wenn ihre Vorsitzende in Alice Schwarzers Büchern nicht mehr als Feindbild, sondern als Verfasserin von Geleitworten auftaucht?"

Der Autor wird wahrscheinlich Recht haben, auch wenn diejenigen, die es betrifft, vermutlich gebetsmühlenartig wiederholen werden, dass solche prophetischen Reden nichts als Randgruppengeplapper seien: „Frustrierte Stammwähler zetern nicht laut herum. Sie wählen auch keine andere Partei. Sie sind nur enttäuscht und ratlos und bleiben am Wahltag daheim – viele sicherlich nicht gern."

Abgeschmirgelte Profilkanten

Ja, die Union segelt tatsächlich in schwerer See. Angela Merkel erinnert gelegentlich an einen Kapitän, der von der Unsinkbarkeit seines Schiffes einfach ganz fest überzeugt ist. Doch selbst die Titanic blieb nicht oben, auch wenn bis zum Schluss getanzt, gespielt und ignoriert wurde. Hauptsache, wir sind die Mitte. Uns passiert nichts. Auf zu neuen Ufern. Rettungsboote? Brauchen wir sowieso nicht.

Die Warnung des RCDS-Mannes mag brutal erscheinen, willkommen ist sie sicher nicht. Doch die Union – und das trifft auf beide Schwestern zu – „wird die Selbstversenkung nur vermeiden können, wenn sie zügig neu navigiert. Die Brücke muss der Crew und den Passagieren glaubhaft vermitteln, dass dieses Schiff auch im Sturm der richtige Ort für sie ist. Sie muss klare und verlässliche Aussagen formulieren und in eine berechenbare Politik umsetzen, die bürgerlichen Tugenden wie Erwartungen entspricht."

Bonzen, höret die Signale – möchte man rufen. Sie sind vielleicht nicht laut, sondern werden ganz leise und manchmal auch stumm ausgesandt. Aber es gibt sie. Wer ihre mangelnde akustische Aufdringlichkeit mit Bedeutungslosigkeit verwechselt, könnte eines Tages ein böses Erwachen erleben. Dann aber wird es zu spät sein. Jedenfalls für eine Union, die unter einer Angela Merkel sich blenden ließ von einem austauschbaren Pragmatismus und einer faszinierenden Unbestimmtheit einer Parteiführerin, die „ihre“ Partei durch inhaltliche Entleerung und Abschmirgeln aller Profilkanten im CW-Wert optimal anpassungsfähig machte für den Zeitgeist – der auf sie freilich nicht angewiesen ist. Alle Vorgänger zusammen haben diese aus christlichem Geist und weltoffener Verantwortung heraus gegründete und über viele Jahre markant bewährte Partei nicht so verändert wie eine aus dem Osten des Landes kommende Pastorentochter und Naturwissenschaftlerin. Es ist dieser Partei nicht zu wünschen, dass ihre Fahrt irgendwann irgendwo im Nirgendwo endet. Doch die Gefahr ist da. Otto Wulff, der Vorsitzende der Senioren-Union, ist nicht als Einziger davon überzeugt, dass das C nicht vergessen werden darf. Sonst zahle man einen Tribut an einen vermeintlichen Zeitgeist und sei sehr rasch Witwer.

Offene Fragen

- ▷ Wo sind die markanten Profilköpfe in der Union?
- ▷ Wann kommt der selbst gewählte und stets geleugnete Untergang?
- ▷ Was ist an der Union noch Original? Was ist einzigartig?

Keine Angst vor Profil!

Thesen, Fragen, Anregungen

Ist die Union christlich?
Ja und Nein. Christlich ist nicht eine Partei an sich, sondern ihre Christlichkeit hängt von der christlichen Überzeugung derer ab, die in ihr arbeiten und sie prägen.

Hat sich das Christliche in der Union verflüchtigt?
Ja, denn selbst viele führende Persönlichkeiten der Union wissen nicht mehr genau zu sagen, was denn eigentlich christlich ist. Eigene Lebensbrüche und Erfahrungen haben die Distanz zum C innerlich größer werden lassen.

Unterscheidet sich die Union von anderen Parteien?
Im Wesentlichen kaum. Auch sie unterliegt dem Druck der Anpassung an einen subtil wirkenden Relativismus.

Könnte sie sich unterscheiden?
Ja. Sie hat mit dem C einen so gut wie kaum genutzten Schlüssel zu einem Profil, das auf der Grundlage des christlichen Menschenbildes vor allem in Grenz- und Existenzfragen des Lebens einen spürbaren Mehrwert anbietet.

Wird sie diese Chance bald nutzen?
Fraglich. Der Druck durch die enttäuschten Wähler, die lieber nicht wählen als ein Kreuz beim „kleineren Übel" zu machen, muss wohl noch wachsen. Erst dann wird man beginnen, auch die sogenannten Stammwähler oder Überzeugungs- und Treuewähler wieder zu schätzen.

Ist die Union eine Volkspartei?
Nein, wenn sie sehenden Auges einen zwar wenig lautstarken, dafür aber real vorhandenen Teil des Wählervolkes ausschließt durch Ignorieren und ihre breite Aufstellung durch die inhaltliche Entleerung des C schmälert.

Ist die CSU wichtig für die CDU?
Ja, denn ohne die bayerische Schwester wäre die CDU schon lange erkennbar keine Volkspartei mehr. Ohne Bayern läge ihr Prozentsatz bei Wahlen bereits seit Jahren unter dreißig.

Was braucht die Union vor allem?
Köpfe, die frei und tolerant denken können. Persönlichkeiten, die für ein modernes und zugleich in Freiheit und Verantwortung verankertes C stehen. Querdenker, die nicht besinnungslos dem Zeitgeist hinterherlaufen. Nonkonformisten, die zur Wiederbelebung einer frischen und konstruktiv kontroversen Diskussionskultur in der Union beitragen. Menschen, die widersprechen – und denen widersprochen werden darf. Und nicht zuletzt: Christen, die in der Lage sind, jedem Rede und Antwort zu stehen, der sie nach dem Grund ihrer Hoffnung fragt.

Wird es andere C-Parteien geben?
Vermutlich, wenn es CDU und CSU nicht gelingt, den eigenen Schatz wieder zu heben und in glaubwürdig handelnden Personen sichtbar zu machen.

Wird sich die Parteienlandschaft in Deutschland verändern?
Wahrscheinlich. Es besteht die Gefahr, dass vier oder fünf sozialdemokratische Parteien nach der Bundestagswahl im Parlament sitzen werden. Zwei davon könnten CDU und CSU heißen. Das wäre weder originell noch original.

Gibt es christliche Politik?
Nein. Es gibt aber sehr wohl Politik aus christlicher Verantwortung.

Gehört politisches Engagement zum Auftrag des C?
Ja. Weil Christen wissen, dass es das Paradies auf Erden nicht geben kann und das irdische Leben nicht alles ist, haben sie alle Befähigung, aus einer nie versiegenden Quelle Kraft und Energie zum Einsatz für eine menschenwürdigere Welt zu schöpfen. Christsein ist nichts Privates, wohl aber etwas sehr Persönliches. Christ ist man immer auch für andere. Christen sind frei zum politischen Engagement mit klaren Koordinaten.

Müssten die Parteien offener sein für personelle Frischluftzufuhr?
Unbedingt. Sie sind leider zu sehr zu einer geschlossenen Kaste verkümmert. Ein selbstverständlicher Austausch der Eliten wäre gut, wird aber von den Kastenaufsehern nicht gewollt. Wir brauchen das Ende des eingebildeten Closed-shop-Denkens – vor allem in der Union.

Braucht Deutschland das C?
Ja. Ohne Wenn und Aber. Denn nichts ist besser als eine gute und bewährte Verbindung von Freiheit und Verantwortung.

Braucht die Union das C?
Dringender als alles andere! Nur durch das C hat sie Zukunft.

Anhang

Das neue CDU-Grundsatzprogramm: Zehn zentrale Forderungen

Wer wir sind: Wir bekennen uns zu unseren Grundwerten Freiheit, Solidarität, Gerechtigkeit sowie zum christlichen Menschenbild. Wir wollen eine Gesellschaft, in der sich alle auf den Boden der Leitkultur in Deutschland stellen.

Ehe und Familie stärken: Wir wollen den Kindergartenbesuch mittelfristig beitragsfrei anbieten. Das Ehegattensplitting soll zu einem Familiensplitting ausgebaut werden.

Mehr Bildung für alle – von Anfang an: Die CDU fordert verbindliche nationale Bildungsstandards für alle, verbunden mit mehr Autonomie für die Schulen. Darüber hinaus wollen wir frühkindliche und schulische Bildung stärker verzahnen.

Arbeit und Wohlstand für alle: Wir wollen den Kündigungsschutz flexibler und betriebliche Bündnisse rechtssicher gestalten. Zusätzlich sollen Arbeitnehmer stärker am Kapital und Erfolg der Unternehmen beteiligt werden.

Soziale Sicherheit für alle Generationen: In der Gesetzlichen Krankenversicherung und der Pflegeversicherung wollen wir schrittweise solidarische Prämienelemente einführen. In der Arbeitslosenversicherung will die CDU die Bezugsdauer des Arbeitslosengeldes an die Dauer der Beitragszahlung koppeln.

Für eine lebenswerte Umwelt: Die CDU will die Treibhausgasemissionen in Deutschland bis 2020 um mindestens 30 Prozent gegenüber 1990 senken. Zusätzlich streben wir in der Energieversorgung bis zum Jahr 2020 einen Anteil regenerativer Energien von 20 Prozent an.

Solide Finanzen, solides Deutschland: Wir wollen ein grundsätzliches Neuverschuldungsverbot auf allen Ebenen. Für das Steuersystem gelten die Grundsätze: einfach, niedrig, gerecht.

Neugieriges Deutschland – Forschung sichert Wohlstand: Wir wollen die Ausgaben für Forschung und Entwicklung bis 2015 auf vier Prozent des Bruttoinlandsprodukts steigern.

Freiheit und Sicherheit für die Bürger: Wir wollen den Einsatz der Bundeswehr im Innern bei besonderen Gefährdungslagen.

Deutschland in Europa und der Welt: Die Europäische Union braucht eine neue vertragliche Grundlage. Zusätzlich wollen wir mehr Freiheit für Bürger und Unternehmen durch weniger Bürokratie. Ferner setzen wir uns für einen transatlantischen Markt zwischen der EU und den USA ein.

Fakten und Namen zur CDU

Nach den Erfahrungen in der Zeit des Nationalsozialismus sammelten sich in Berlin und im Rheinland engagierte Christen mit unterschiedlicher Konfessionszugehörigkeit, um aus und auf den Trümmern eine neue und menschenwürdige Gesellschaft zu bauen. Gegründet wurde die CDU Deutschlands im Juni 1945. Erst

1950 schlossen sich die zuvor in den deutschen Ländern und Besatzungszonen aktiven neuen Parteigruppen zu einer Partei auf Bundesebene zusammen. Die drei Buchstaben standen sowohl für die Überzeugung der Parteimitglieder wie auch für das Programm dieser ersten wirklich überkonfessionellen und doch christlich ausgerichteten Partei. Prägend sollte von Anfang an dieser christliche Gedanke der Lebens- und Gesellschaftsgestaltung sein, der mit dem Buchstaben C verbunden wurde. Nie wieder wollte man die zuvor erfahrene Perversion christlicher Freiheit und eines aus dieser Freiheit erwachsenen Menschenbildes mit Respekt und Verantwortung zulassen – oder erleben müssen. Ähnlich stark verbindet sich der Buchstabe D mit dieser Überzeugung. Denn nur eine von Freiheit und Verantwortung gefüllte Demokratie, die zudem ihre eigenen Grenzen hat und von Voraussetzungen lebt, die sie selbst nicht schaffen kann, die sie aber schützen muss, kann eine gute und dem Menschen gerechte Demokratie sein. Neben dem Bekenntnis zur Freiheit im C und zur Freiheit im D symbolisiert das U nicht nur die Gemeinschaft und die Mächtigkeit dieser beiden Säulen, sondern auch die jede Konfessionsgrenze sprengende Gemeinsamkeit der Christen in den wesentlichen und für jedes politische Handeln so wichtigen Grundüberzeugungen. Jeder dieser drei Buchstaben, so war es jedenfalls am Anfang gewollt, hat seine gleichberechtigte Bedeutung im Parteinamen. Denn diese wurde aus einem verbindenden, christlichen und demokratischen Geist des Aufbruchs und der Tat gegründet. Das C wurde damals nicht als ein Anhängsel, sondern als ein Kernbestand der neuen politische Kraft gesehen – und als das entscheidend Unterscheidende gegenüber den anderen Parteien.

Zu den prägenden Figuren der CDU zählte zweifellos von Anfang an der erste Vorsitzende dieser avantgardistischen Partei, der rheinische Katholik und ehemalige Kölner Oberbürgermeister Konrad Adenauer. Unter seiner Federführung kam es zur Westbindung Deutschlands, zu seiner Zeit begann die europäische Integration Deutschlands und wurde Deutschland in die Nato eingebunden. Nicht weniger wichtig war Ludwig Erhard, mit dessen Namen die Soziale Marktwirtschaft verbunden ist. Dieses Modell einer Marktwirtschaft berücksichtigte wichtige Erkenntnisse und Lehren aus der Evangelischen Sozialethik und der Katholischen Soziallehre. Auch hier spielte das christliche Menschenbild eine entscheidende Rolle.

Zu den führenden Köpfen der CDU gehörten nach den Bundeskanzlern Konrad Adenauer, Ludwig Erhard und Kurt-Georg Kiesinger die Parteichefs Rainer Barzel und Helmut Kohl. Barzel verkörperte wie kaum ein zweiter während der leidenschaftlichen Debatte über die Ostpolitik der sozial-liberalen Regierung in den 1970er-Jahren die Bereitschaft der Union, die deutsche Frage – wie man das so formulierte – offen zu halten und nichts zu unternehmen, was einer möglichen Wiedervereinigung Deutschlands im Wege stehen könnte. Es war dem CDU-Kanzler und überzeugten Christen Helmut Kohl vergönnt, diese oft verspottete konsequente Hoffnung der CDU in Erfüllung gehen zu lassen. Unter seiner Führung entstand ein einiges, freies und fest im Westen verankertes Deutschland.

Was den anderen, den unfreien Teil Deutschlands, in dem es dieselben Sehnsüchte nach einer aus christlichem Geist geprägten menschenwürdigen Politik gab, betrifft, so wird auf der Homepage der CDU dazu vermerkt: In der Sowjetischen Besatzungszone und der DDR sah sich die dortige CDUD (Christlich-Demokratische Union Deutschlands) dem immer stärker werdenden Druck der Sozialisten ausgesetzt. Nachdem die sowjetische Besatzungsmacht den Führungspersönlichkeiten Andreas Hermes, Jakob Kaiser und Ernst Lemmer die politische Arbeit unmöglich gemacht hatte, musste sich die CDUD im Rahmen der Nationalen Front der SED unterordnen. Von aufrechten Männern und Frauen gegründet, geriet die CDUD in der SBZ und der DDR in das Mahlwerk eines totalitären Systems. Vielen Menschen, die christlich-demokratischen Werten nahestanden, blieb der Weg zu einer Mitarbeit versperrt. Ende 1989 fand die CDUD zu einer eigenständigen Politik zurück und siegte am 18. März 1990 bei den ersten freien Volkskammerwahlen. Dort war sie zusammen mit dem „Demokratischen Aufbruch" (DA) und der „Deutschen Sozialen Union" (DSU) im Wahlbündnis „Allianz für Deutschland" angetreten. West- und Ost-CDU vereinigten sich auf dem 1. gemeinsamen Parteitag der gesamtdeutschen CDU Deutschlands am 1./2. Oktober 1990.

Mit der bayerischen Schwesterpartei Christlich-Soziale Union (CSU) ist die CDU seit 1949 im Deutschen Bundestag in einer Fraktionsgemeinschaft verbunden.

Parteivorsitzende der CDU

Name	Beginn der Amtszeit	Ende der Amtszeit
Konrad Adenauer	21. Oktober 1950	23. März 1966
Ludwig Erhard	23. März 1966	23. Mai 1967
Kurt-Georg Kiesinger	23. Mai 1967	5. Oktober 1971
Rainer Barzel	5. Oktober 1971	12. Juni 1973
Helmut Kohl	12. Juni 1973	7. November 1998
Wolfgang Schäuble	7. November 1998	16. Februar 2000
Angela Merkel	10. April 2000	*amtierend*

Vorsitzende der CDU/CSU-Bundestagsfraktion

1949: Konrad Adenauer
1949–1955: Heinrich von Brentano
1955–1961: Heinrich Krone
1961–1964: Heinrich von Brentano
1964–1973: Rainer Barzel
1973–1976: Karl Carstens
1976–1982: Helmut Kohl
1982–1991: Alfred Dregger
1991–2000: Wolfgang Schäuble
2000–2002: Friedrich Merz
2002–2005: Angela Merkel
2005 bis heute: Volker Kauder

= alle: CDU.

Fakten und Namen zur CSU

Auch bei der CSU gab es zunächst verschiedene lokale Initiativen. Eine erste Initiative ergriff im Oktober 1945 Adam Stegerwald, der jedoch noch im selben Jahr starb. Der Münchner Gründerkreis bündelte schon bald zahlreiche Gruppierungen. Zum „vorbereitenden Ausschuss der Christlich-Sozialen Union in München" gehörten unter anderem Michael Horlacher, Alois Hundhammer, Josef Müller, der „Ochsensepp" genannt wurde, und Fritz Schaeffer. Ende November 1945 wandte man sich mit einem Aufruf zur Gründung einer interkonfessionellen „Sammel- und Volkspartei aller Kreise" an die Öffentlichkeit und betonte, dass man getragen sei „von dem Grundgedanken christlicher Kultur und des christlichen Sittengebots". Daraus wurde am 17. Dezember 1945 der „vorläufige Landesausschuss" der CSU. Die Gründung der CSU auf Landesebene wurde am 8. Januar 1946 von der US-Militärregierung für Bayern zugelassen. Vorläufiger Vorsitzender war bereits am 17. Dezember 1945 der „Ochsensepp" geworden. Er entwickelte sich zu einer Schlüsselfigur der jungen CSU. Müller stand für die christlich-interkonfessionelle Ausrichtung der Partei, während Hundhammer und andere in der Tradition der Bayerischen Volkspartei für die liberal-konservative Linie mit einer betont bayerisch-etatistisch-katholischen Orientierung. Beide für die Anfangszeit wichtige Gründungsfiguren waren übrigens überzeugte Gegner des Nationalsozialismus.

In dieser anfänglichen Auseinandersetzung liegt auch ein wesentlicher Teil der bayerischen Sonderentwicklung der CSU, die sich bis heute bemerkbar macht. Bis heute hat die CSU in der Fraktionsgemeinschaft mit der CDU einen Sonderstatus, den sie auch gerne betont.

Und selbstverständlich ist die CSU bis heute bemüht, sich als besondere Vertretung der Interessen des Freistaates zu profilieren. Bemerkenswert ist, dass bei der Findung des Parteinamens das C am umstrittensten war. Das Wort „Christlich" wurde mit nur einer Stimme Mehrheit von der Gründungsversammlung beschlossen. Aber nicht, weil man nicht christlich sein wollte, sondern weil man befürchtete, zu wenig Wählerstimmen zu bekommen. Wohlgemerkt: im Jahre 1945.

Heute wird beobachtet, dass in der Generation der Zwanzig- bis Vierzigjährigen der CSU zunehmend Kräfte nachwachsen, die wieder das Christliche betonen. Sie unterscheiden sich von der Generation der Vierzig- bis Fünfzigjährigen, wo es – so ein intimer Kenner der Partei – mehr diesbezüglich Gleichgültige und dem reinen Pragmatismus Verpflichtete gibt.

Parteivorsitzende der CSU

Name	Beginn der Amtszeit	Ende der Amtszeit
Josef Müller	17. Dezember 1945	28. Mai 1949
Hans Ehard	28. Mai 1949	22. Januar 1955
Hanns Seidel	22. Januar 1955	16. Februar 1961
Franz Josef Strauß	18. März 1961	3. Oktober 1988
Theo Waigel	16. November 1988	16. Januar 1999
Edmund Stoiber	16. Januar 1999	29. September 2007
Erwin Huber	29. September 2007	25. Oktober 2008
Horst Seehofer	25. Oktober 2008	*amtierend*

Interessante Internetadressen

www.cdu.de
www.csu.de
www.cdl-online.de
www.alfa-ev.de

Gewidmet meinem 1999 verstorbenen Vater
Dr. Hermann Lohmann,
der mich für Politik begeisterte und dem ich eine unvergessene kurze Begegnung mit Bundeskanzler Dr. Konrad Adenauer vor der Bonner Münsterbasilika im November 1961 verdanke,
sowie Konrad Adenauer als dem Vater unserer freiheitlichen Demokratie, der als Kanzler und CDU-Vorsitzender aus dem christlichen Menschenbild Freiheit, Kraft und Zukunft für eine Politik der Verantwortung gewann.

Dank

Es gab viele, die mir Mut machten, dieses heikle und letztlich nicht ganz befriedigend zu beantwortende Thema aufzugreifen. Es gab andere, die mich schräg anschauten – und sich jetzt sicher bestätigt zu fühlen glauben. Es gab solche, die mir Material zur Verfügung stellten und mir auf Briefe antworteten. Es gab Politiker der Union, die gesprächsbereit waren. Aber es gab auch diejenigen, die gar nicht antworteten, andere, die absagten, und gar einen Kirchenfürsten, der sich lieber nicht zum C äußern wollte. Allein die Frage sei ihm zu politisch. Ängstlichkeit? Opportunismus?

Allen bin ich auf je eigene Weise sehr dankbar. Den einen für den Mut, anderen für die Erkenntnis, dass Zivilcourage, innere Unabhängigkeit und freie Meinungsäußerung nicht jedermanns Sache sind und schon gar nicht automatisch etwa mit einer Bischofsweihe verliehen werden. Überall arrangiert man sich. Manche geben sich im geschützten Raum von ohnehin Überzeugten mutiger, als sie draußen sein können. Auch das gehört zu den Erkenntnissen beim Arbeiten an diesem Buch.

Es versteht sich nicht zuletzt von selbst, dass ich dem Verlag und seinen Gesprächspartnern dankbar bin für dieses Projekt, das viel Geduld verlangte, zumal der Autor nach der Devise arbeitete: Das Bessere ist des Guten Feind. Also flog viel Gutes wieder raus. Geblieben ist ein Zwischenruf, der den Widerspruch nicht fürchtet und der vielleicht eine kleine Rolle spielen kann in einer Diskussion, die es sicher auch in einigen Jahren noch geben wird. Allen, die sich fair und tolerant daran beteiligen werden, gilt bereits heute mein Dank. Danke sage ich aber auch meiner Familie, die das Entstehen eines Buches stets ermutigend liebevoll mitträgt.

In derselben Reihe ebenfalls erschienen:

JÜRGEN HOLTKAMP

Verblöden unsere Kinder?

Neue Medien
als Herausforderung
für Eltern

240 Seiten
Format: 13 x 21 cm
Gebunden mit Schutzumschlag

ISBN 978-3-7666-1286-1

Längst haben Medien die Kinderzimmer erobert. Chatrooms, SchülerVZ, E-Mails und Handys sind für Kinder und Jugendliche alltägliche Begleiter. Viele Eltern aber fühlen sich angesichts der Medienflut überfordert und können mit den neuen technischen Entwicklungen kaum mithalten. Damit stellt sich die Frage, welche Rolle die Medien in der Erziehung spielen. Welche Rolle sollen sie spielen? Wenn Kinder in einer Gesellschaft aufwachsen, in der Multimedia, Fernsehen, Computer und Internet selbstverständlich sind, kann die Antwort nicht darin bestehen, sie davon fernzuhalten. Die eigentliche pädagogische Herausforderung lautet: Erziehung der Kinder zur Medienkompetenz.

BUTZON BERCKER

www.religioeses-sachbuch.de
www.bube.de

Weitere Titel in dieser Reihe:

HANNA-BARBARA GERL-FALKOVITZ

Frau – Männin – Menschin

Zwischen Feminismus und Gender

288 Seiten, Format: 13 x 21 cm, gebunden mit Schutzumschlag

ISBN 978-3-7666-1313-4

HANS MAIER

Mit Herz und Mund

Gedanken zur Kirchenmusik

240 Seiten, Format: 13 x 21 cm, gebunden mit Schutzumschlag

ISBN 978-3-7666-1318-9

ECKHARD NORDHOFEN (HG.)

Tridentinische Messe – ein Streitfall

Reaktionen auf das Motu proprio „Summorum Pontificum" Benedikts XVI.

144 Seiten, Format: 13 x 21 cm, gebunden mit Schutzumschlag

ISBN 978-3-7666-1305-9

ALOIS SCHIFFERLE

Die Pius-Bruderschaft

Informationen – Positionen – Perspektiven

400 Seiten, Format: 16,5 x 24,5 cm, gebunden mit Schutzumschlag

ISBN 978-3-7666-1281-6

REINER SÖRRIES

Ruhe sanft

Kulturgeschichte des Friedhofs

304 Seiten, Format: 13 x 21 cm, gebunden mit Schutzumschlag

ISBN 978-3-7666-1316-5